资产配置攻略

构建长效的投资体系

Lagom投资◎著

机械工业出版社
CHINA MACHINE PRESS

《资产配置攻略》是针对个人投资者资产配置的工具书。

如何让手中持有的财富跑赢通胀,实现保值增值?靠的是储蓄、理财产品、股票、基金、债券、大宗商品,甚至是房产等资产配置工具吗?本书通过作者20余年的投资经验,在投资理念、策略体系、资产配置工具、资产配置规划、不同年龄段的实战攻略、超额收益策略和资产配置重要细节等方面,为投资者全面总结和分享了资产配置中的关键要素、分析思路、配置策略、实战技巧、仓位管理和投资心态。力求帮助投资者在当下市场环境中,每年能收获10%以上的投资回报率,为个人财富的积累和增值带来助力。

图书在版编目(CIP)数据

资产配置攻略:构建长效的投资体系/Lagom 投资著.—北京:机械工业出版社,2021.6(2025.4 重印)
ISBN 978-7-111-68378-0

Ⅰ.①资… Ⅱ.①L… Ⅲ.①投资管理-研究 Ⅳ.①F830.593

中国版本图书馆 CIP 数据核字(2021)第 101602 号

机械工业出版社(北京市百万庄大街22号 邮政编码100037)
策划编辑:李 浩 责任编辑:李 浩
责任校对:李 伟 责任印制:李 昂
北京联兴盛业印刷股份有限公司印刷
2025年4月第1版第5次印刷
145mm×210mm・9.5 印张・3 插页・209 千字
标准书号:ISBN 978-7-111-68378-0
定价:88.00 元

电话服务 网络服务
客服电话:010-88361066 机 工 官 网:www.cmpbook.com
　　　　　010-88379833 机 工 官 博:weibo.com/cmp1952
　　　　　010-68326294 金 书 网:www.golden-book.com
封底无防伪标均为盗版 机工教育服务网:www.cmpedu.com

推荐序

做投资，你总得相信点什么

在电影《闻香识女人》中，阿尔·帕西诺扮演的史法兰中校有一段独白让我印象深刻。

"如今，我已走到了人生十字路口。我知道哪条路是对的。"

"毫无例外，我知道。"

"但我从来不走，为什么？"

"因为这条路太难了。"

做投资，何尝不是如此？

由于从事财经新闻报道工作，总要了解一些投资的基本知识，我先是读了很多书，后来自己慢慢尝试着投资，平日里也少不了接触知名投资机构和资深投资者。不谦虚地说，相较于普通投资者，我所掌握的信息和资源应该更多一些。即便如此，我的投资依然少不了走弯路。究其原因，无非有两点：首先，虽身处信息大爆炸的时代，但缺乏信息判断的能力；其次，乱花渐欲迷人眼，总羡慕别人赚钱，却无法窥探别人真正的盈利原因。

比如，在我生活的城市有一间馒头房，他家的馒头又大又好，还不涨价，生意好到天天排队。但我一直有个疑问："它到底赚的什么钱呢？"过了好些年，才有一个朋友给我解释了内情。

原来那间馒头房所在的菜市场，用电管理水平不高，这间馒头房的电表常年不走字。也就是说，表面看是馒头房在卖馒头，实际上它挣的是电费。

上面的事情在投资领域也并不罕见。我接触过一位投资咨询行业的大佬，按现在的话说，在股民圈中属于拥有"顶级流量"的，只要是他出席的策略报告会总是人满为患。但在一次聚餐中，这位大佬和我酒后吐真言："我炒股其实没怎么挣钱，主要是买了几套房。"说真的，我当时都怀疑自己听错了，但仔细想想，真相常常就是这么简单而残酷。

如果十年前，你问我如何做投资，我会建议你先买套房。但如今，你再问我同样的问题，我建议你先看看《资产配置攻略：构建长效的投资体系》这本书。实践已经证明，投资渠道匮乏依然是困扰国内投资者的难题，房地产和股票（主要是二级市场）是为数不多较为理性的选择。

只不过，在"房住不炒"的政策大背景下，房地产正在逐渐褪去金融属性，回归居住属性。因此，资本市场在国内居民配置资产中的重要性日益凸显，无论是直接买入股票，还是选择持有基金，都需要储备一些投资知识。

问题是，市面上关于投资的书汗牛充栋，那么这本书的特别之处在哪里？

在我看来，"Lagom 投资"用十几年时间尝试了一条在国内可复制、可推广，且风险相对可控的资产配置路径。此前，"Lagom 投资"也不时在微博、雪球撰文介绍自己的投资经验，此次成书既是对他自己的投资体系的一次全面梳理，也是普通投资者一窥投资门径的难得机会。

也许有人会说，这本书中的投资方式太传统了，现在的年轻人都去玩比特币、炒球鞋了，两者属于平行世界。但稍微熟悉点投资历史的朋友都会微微一笑，"当年他们炒普洱茶，买卖邮币卡的时候，也是这么想的。"

2000年，亚马逊创始人杰夫·贝索斯也曾给巴菲特打电话，问道："您的投资体系这么简单，为什么您是全世界第二富有的人，别人却不做和您一样的事情？"巴菲特回答："因为没有人愿意慢慢变富。"

重剑无锋，大巧不工，《资产配置攻略：构建长效的投资体系》想表达的也是这个意思。

资深财经记者　张兆瑞

前　言

"在这个物欲横流的人世间，人生一世实在是够苦。"——杨绛

对于现在的年轻人来说，史蒂夫·乔布斯、马克·扎克伯格、比尔·盖茨等一众在20多岁就白手起家的富豪们，的确可以作为学习的榜样，各类媒体也借此极力营造"年轻人就应该尽快地成功，否则可能再无机会"的所谓成功哲学。每当身边出现年轻有为的成功案例（即便仅仅是因为幸运或其他不为人知的原因），在这个信息化的时代便会被迅速传播开来，这些都给我们平添了巨大的压力和焦虑，不断地引导大家去追求更高和更快的目标。

在投资上同样如此，几乎所有人都会变成一个"急性子"，不管采用何种方式，大家都希望能用最短的时间去获得最高的回报。俗话说"富贵险中求"，其实是一句具有误导性的言论，不知害了多少一知半解的投资者。这段话的本意是指"富贵险中求，但不冒不必要的风险"。但在如今全民浮躁的大氛围之下，越来越多的投资者为了快速致富，已然忽视至关重要的"风险"两字。除了极个别幸运儿之外，其余的人最终去了哪呢？并没有多少人关心。

普通人若想实现成功的投资，资金（努力积蓄本金）、投资回报率（复利）和时间（长长的坡）这三个要素，缺一不可。

虽然将这三者有序地结合不足以助你登上《福布斯》富豪榜，但早晚能够使你和家人过上富足的生活。而急功近利的投资者，往往忽略了资金和时间的价值，把全部的希望寄托于博取超乎想象的高额收益上，幻想的是"一夜暴富"。还总有些不安好心的人，靠说着各类小概率的事件来忽悠你掏出口袋里的钱。

投资最需要的是耐心，而不是十足的野心！绝大多数幻想着一夜暴富的人，十年之后还是没有富起来。

我的笔名"Lagom"是一个生僻词，意指凡事不用做得太满的中庸状态。我特别欣赏这种随着人生阅历的渐长才能慢慢领会的意境，它已逐渐成为我价值观的一部分，也契合本人在长期持仓均衡的状态下，博弈超越市场平均收益的投资理念。

"中庸之道"绝非意味着平庸的投资收益。在更广阔的投资视野下，从资产配置着手进行稳健的投资，方能避免资产遭到过大的回撤，而当整个世界都沉迷于年少得志，富贵险中求的时候，耐心将成为你的优势，这也是财富最终得以成功滚起雪球的关键。

必须承认，生活中的诱惑实在是太多了，在找寻这些真理之前我也跌跌撞撞地走过很多弯路。我作为一名已入市近24年的投资老兵，在几乎使用过市场中可见的绝大部分投资策略之后，方知投资的不易。多年的实战经验告诉我，事实上，大多数可供旁人复制的成功，走的都是平稳路线。而资产配置作为一种稳健的投资方式，如Lagom一般的境界，对提升投资者的幸福感、身心健康、生活效率都大有裨益。因此，在最近这15年里，我一直致力于稳健型投资的研究和实践，最终也让家庭资产实现了飞跃。

曾经被很多读者问及究竟该如何投资，甚至直接索要财富（股票）代码，寥寥数语肯定不足以帮助他们进行有效的长期投资。因此，分享过去这些年的成功经验，并引导读者构建一个可以永续的投资体系，成为我耗时近两年去完成这本书的主要动力。它不仅适用刚入市的投资新手，同样适用那些始终未找到有效投资方式，仍深陷于困境的投资者。我旨在以尽量简单平实的语言，深度解析资产配置时的一些方式和技巧，借此传达给读者"通过稳健的方式，同样可以获得高额的长期投资回报"的投资理念。

《资产配置攻略》的主要内容由以下三部分组成：

第一部分（第一、第二章），先从普适的投资理念说起，逐步衍生到集中投资的弊端、资产配置思路、经济周期原理以及估值方法的运用等，让大家以不同的角度重新认识自己过往的投资，进而开启更有效的财富旅程。

第二部分（第三、第四、第五章），通过介绍各种资产配置工具及投资要点、长期目标的规划、个人投资者的仓位管理建议等，从投资最底层的逻辑出发，引导处于不同年龄层的读者去设计简易有效，且可以长期永续的个性化投资方案。

第三部分（第六、第七章），结合中国资本市场的特点，呈现几大类适合个人投资者在实战过程中采用的超额收益策略，借此传达给读者"通过稳健的方式，同样可以获得高额的投资回报"的理念。最后，给大家罗列了资产配置时需要关注的细节，包括细分行业布局建议、回测的误区、如何情绪管理等。作为投资进阶篇，特别推荐给善于独立思考，并立志成为卓越投资人的读者。

前　言

　　本书的出版一波三折，我在漫长的写作过程中对自己的投资体系再一次进行了完整的梳理，而我也乐在其中。完稿之际，首先要感谢家人长期的陪伴和鼓励。此外，还要特别感谢广大的线上读者，本书的成稿和出版也仰仗了你们多年来对我日常分享的支持和认可，我衷心希望您能够喜欢这本书。最后，要致谢本书的编辑李浩给予的支持。如有疏漏之处或持不同的观点请您不吝赐教，欢迎随时至雪球 App、新浪微博、微信公众号"Lagom 投资"与我进行沟通。

　　今天永远是余生中最年轻的一天，尽早开始规划你的未来吧！

Lagom 投资
2021 年春　上海

目 录

推荐序
前　言

|第一章|投资的快与慢|

第一节　与通货膨胀赛跑　002
第二节　合理的投资预期　004
第三节　复利的价值　013
第四节　容易被忽视的投资常识　022
第五节　如何定义成功的投资　028
第六节　关于致富，你到底有多耐心　031

|第二章|资产配置中最重要的事|

第一节　集中投资之殇　036
第二节　资产组合的分散化　040
第三节　资产配置的思路　042
第四节　风险与回报比　044
第五节　经济周期简析　047
第六节　周期晴雨表：主要经济指标　050
第七节　市场估值的定义与应用　053
第八节　动态再平衡的核心逻辑　071

| 第三章 | 资产配置工具 |

　　第一节　如何定义财富　076
　　第二节　股票权益类　081
　　第三节　债券固收类　084
　　第四节　投资性房产和 REITs　089
　　第五节　大宗商品　091
　　第六节　贵金属配置攻略　093
　　第七节　现金类资产　097
　　第八节　化繁为简：指数化配置　102
　　第九节　中国资产篇　107
　　第十节　海外资产篇　112

| 第四章 | 生命周期下的资产配置规划 |

　　第一节　了解自己：不一样的人生　116
　　第二节　如何决策资产配置框架　123
　　第三节　设定投资的长期目标　128
　　第四节　个人投资者的仓位管理　139

| 第五章 | 实战三部曲 |

　　第一节　年富力强：全力定投　153
　　第二节　人到中年：追求均衡　177
　　第三节　退休阶段：CPPI 保守型投资组合　184
　　第四节　各阶段的过渡和止盈技巧　195

|第六章|超额收益策略|

第一节　什么是超额收益　204

第二节　个人投资者的优势　206

第三节　中国资本市场的特点　208

第四节　逆向投资策略　211

第五节　超额收益之基金折/溢价　218

第六节　超额收益之认购新股　223

第七节　构建永续的股票组合　227

第八节　多因子量化模型　238

第九节　期货和期权等衍生工具　240

第十节　降低你的交易频率　244

第十一节　设计超额收益策略时需注意的事项　246

|第七章|资产配置的重要细节|

第一节　细分行业的布局建议　252

第二节　核心和卫星的投资理念　258

第三节　适度简化：需要配置多少个品种　260

第四节　主动与被动之争　264

第五节　优质指数品种的 11 个特质　269

第六节　动态再平衡的方法和频率　273

第七节　回测的误区　275

第八节　战胜自己：论情绪管理　279

|后记：布局未来|

第一章 投资的快与慢

第一节　与通货膨胀赛跑

大家都知道通货膨胀,但只有少数人明白它才是财富积累最大的敌人。

为了让自己能尽早地成为亿万富翁,我收藏过一张面值100万亿元的津巴布韦币。作为人类货币史最大面额的纸币,票面上整整印了14个零,在其2009年退出流通的时候购买力已经贬值至不到1美元,只够买一块面包了。苏联时期的卢布、魏玛共和国时期的德国马克、南斯拉夫的第纳尔、民国时期的金圆券、20世纪80年代阿根廷的比索等货币,都曾经历过臭名昭著的恶性通货膨胀事件。

本国货币的巨幅贬值,无疑会对经济和社会的稳定造成巨大的冲击,因而若非迫不得已,一个国家的央行并不会轻易进行大幅度的流动性宽松政策。虽然货币信用不能无限度透支,但那些从未经历过纸币飞速贬值的普罗大众,就很难在短时期内察觉到自己所持的货币也同样在经历贬值了。这有点类似于温水煮青蛙,逐年微量的通货膨胀同样会使你的储蓄购买力小幅缩水,这种蚕食财富的速度反倒是大家可以承受的。

现代社会中,我们早已习惯把纸币单位当成衡量价值的锚,抛弃了把真实的商品充当货币的做法。假设在一夜之间,给我们所有人的账户金额都加上一个零,大家会因此统统暴富10倍吗?显然,毫无可能。全社会资产和商品并没有因为给全民的账户市值秒加零而增多,最终仅仅意味着该法定货币被瞬间稀释了90%的购买力。货币只是一个国家的政府创造的信用流通工具,即财富的临时替代品。货币作为一般等价物,本身的价值是可以忽略不计的,任何政府都没有能力去保证法定货币永恒的价值。

全国性的公共设施建设、社会保障、行政管理、外交外事、国防等都会占用政府大量的预算开支,税收和支出很难始终保持平衡。当出现财政危机时,如果无法有效增加税收去应付这些开支的话,就只有发行政府债券这条路了。在周而复始的发债和利息支出之后,有限的财政收入终将无力偿还先前的所有债务,那么开动印钞机弥补赤字是完全可以预见的。更何况创造货币的又何止"印钞",商业银行等金融机构也可以通过放贷的方式去实现货币乘数,额外创造新增货币。当越来越多的货币追逐增幅相对少的商品和服务时,供求失衡将导致物价水平持续上涨,就形成了通货膨胀。很多人会在这个货币价值缓缓下跌的过程中,且在一无所知的情况下每年损失一笔财富。

以现代经济学的角度来看,通货膨胀也并非一无是处,温和的物价上涨能够在一定程度上刺激投资和生产,有利于经济的上行。货币供应量维持在多少才合适呢?我们通常把通胀分为恶性通胀及良性通胀,如果通胀率在2%~3%,则代表比较温和的通胀;一旦通胀水平达到4%~5%或者更高水平,说明本国货币正在经历加速贬值甚至走向恶性通胀。

但即便是温和的通货膨胀,在创造经济繁荣的同时也确实损害了很多人的利益。新发的货币需要很长的一段时间,才能慢慢渗透到整个社会进行逐级摊匀,所以当通货膨胀发生之时,每个人的感受也会截然不同,这种现象也被称为坎蒂隆效应(Cantillon Effect)。只有越靠近社会顶层的人,才可以借着通胀拿到刚刚印刷出来的新钱,而处于社会底层的普通民众,或者后知后觉的人总会最晚，甚至无法领到这些新钱，自然成为通货膨胀下最直接的受害者。

最终，通胀在变相鼓励大家去负债式经营和消费，同时惩罚了那些勤俭节约只会储蓄的人、领取固定工资却没有议价能力的普通工薪族、低利率长期保单和债权的持有者，以及手握大量现金类资产的人。通货膨胀就像是一个隐身的小偷，一直在不停地偷你的钱。正因如此，它还会伤害到那些因为对未来的通胀过度担忧，恐慌性抢购溢价资产之后，遭受大幅亏损的投资者。我们几乎无处可躲，如果想让自己的财富不再被通货膨胀吞噬，必须去寻找各种大类资产保驾护航了。

第二节　合理的投资预期

一、投资预期的误区

本书给各位投资者的第一条建议：制定合理的投资预期。

关于投资预期的误区，先说几个比较常见的例子。大概十几年前曾有位女士私下找我教她炒股，说是准备拿出 30000 元，希望能通过投资股市让自己每个月都挣上 3000 元生活费。关键她还自认为这个要求并不高，不知她是不是听了网上某位"股神"的吹嘘，甚至觉得每月稳赚 10% 只是一个很小的目标。如果谁有能力按照这个增长速度滚起财富雪球的话，稍微懂些投资常识的朋友自然会一笑了之。

但凡四处兜售快速致富方法的人，几乎无一例外会是个骗子。但我们至今仍能在网上找到很多教你如何每天挣 1%、每月挣 10%、每年翻倍之类的炒股课程，可见这类高收益预期始终自带热度，市场中从未缺少不切实际的参与者。

另一种情况就更加普遍了：从未制定明确的长期目标，投资预期完全随着市场行情而变化。比如，当市场价格快速上涨的时候，他会计划赚个30%就走，真来了一波疯牛之后，市值翻倍居然如此轻松？看来自己的确是一块做投资的料，那么索性继续加大投入，想着今后每年再赚50%~100%也不过分吧，这也是为何在大牛市中很多中小散户会裸辞去炒股的原因。随后市场迎来深度回调，股价在价值回归后被深套了几年终于情绪崩溃，这时已不再奢望盈利，而是只求未来能给自己机会回本走人。等到解套后便一卖了之拿回本金，完全忘记了"资金是有时间价值的"这回事。待若干年后牛市再度降临，再一次重蹈覆辙。

我认识一位早在1994年就已入市的老股民，他完整经历了中国股市的五轮牛熊行情，始终没有战胜贪婪和恐惧，在每一轮周期中都重复着大牛市追涨，熊市深套后等到解套就出局的操作，在见到下一次市场赚钱效应之前，他绝不会回来。你很难想象上证指数500点就入市的投资者，在投资了20多年后上证指数已经3000多点时仍是大幅亏损的。这样的投资者，身边屡见不鲜。

市场短期暴涨后的收益并不会持续，如果据此去制定未来投资目标的话，就会带来一系列错误的投资行为。同样，过低的投资预期会走向另一个误区。1995年深圳一名国企职工在卷走公司37.7万元后开始潜逃，24年后被抓捕归案时他不禁感叹道："曾经以为这几十万元就够我花一辈子了"。这30多万元在当年可谓是一笔巨款，即便按定期利率存在银行里吃利息，每年收入也已强过当时打工收入的好多倍了。可现实很残酷！存款利率持续走低，这笔钱的实际购买力也在连年折损，简单存定期储蓄吃息的方式压根就维持不了几年。但时至今日，仍有不少人想当然地认为如果自己能有一笔吃息就够日常开支的本金，那么把它存在银行或者买个低息理财就等同于财务自由了，显然他们大大低估了通胀的威力。

综上所述，一个靠谱的投资预期首先必须是相对理性的（保值增值且未来有很大概率可能实现），其次应该是一个比较长期的目标，这些都是你设计投资策略和理财规划的基础。以下继续探讨个人投资者应该如何使自己的投资预期合理化。

二、对标通货膨胀率

各位读者是否想过，我们为什么要做投资？投资的初衷是把当前的劳动力成果进行储存，在实现保值的同时，去积累更多财富，待以后我们更需要它的时候再把这部分购买力释放出来，让自己和家人在未来享受更好的生活品质。在这个大前提下，**我们做长期投资的预期收益率便是跟上通货膨胀，这应该是首先需要对标的锚。**

众所周知，现在的 100 万元的购买力和 10 年前的 100 万元已经相差甚远，这就涉及一个通货膨胀的问题，我们作为普通投资者如何衡量通胀水平？建议可以先从生产者价格指数（Producer Price Index，简称 PPI）、居民消费价格指数（Consumer Price Index，简称 CPI）以及更详尽的大宗商品价格（包括国际金价）着手，通过与之前数据的比较，就能大致判断近期的物价走势，甚至预测通货膨胀水平，但它们都有局限性。以 CPI 为例：作为衡量居民物价水平的主要指标，其并没有充分体现居民实际生活需求的涨跌水平。其构成仍会相对偏重于食品等基础生活必需品，同时未包括城市居民刚需的房产购置等开支。

另一个容易被忽视的因素，是在不可逆转的老龄化趋势下，未来大众消费结构的升级。今后，我们必然会负担更多较高人力成本附加值的相关消费，比如休闲娱乐、子女教育、医疗保健、养老护理等，这部分商品和服务的价格涨幅预期，是会显著高于其他消费品的。我们每个人作为一个独立的个体每年都在变老，但 CPI 并没有及时去逐年调增这些老龄化消费的配比。这也是为何大家总感觉 CPI 指数会略低于自己日常真实感受的主要原因，因此若把 CPI 指标作为自己的投资预期收益目标，显然是不足的。

接着再说 GDP 和 M2 两者与通货膨胀之间的关系。国内生产总值（Gross Domestic Product，简称 GDP）通俗理解就是在国内生产及销售的所有商品或服务的总和，这是一个最直观了解经济增长的数据；广义货币供应量（Broad Money，俗称 M2）则体现了全民实际的购买力。投资也是为了可以同时分享到时代进步的成果，理论上当全社会生产效率有效提高之后，商品的供应（GDP）也会增加，此时若货币供应总量（M2）持平，那么商品价格就应该走低。

比较理想的状态是通过快速提高生产力去创造更多的商品，让大众能够更廉价地购买商品，从而提高生活水准。正所谓一切通胀都是货币现象，当 M2 的增速显著大于名义 GDP 时，说明同期货币供应总量已经超过了全社会创造的财富，物价上升将无法避免，这也是我们过去几十年的常态。因此你也可以把同期 M2

减去 GDP 之差理解成"货币变毛"的速度，当然这也只能是一个大致的估算，由于两者统计口径存在一定差异，仍旧不足以体现最真实的通胀水平。

或许我们始终无法最精确衡量通货膨胀水平，或者说符合自己家庭消费结构的通货膨胀率。但衡量商品价值还有一个简易的标准，可以去看一个普通人获取它所需花费的时间，所以另有一个现成的关于"时间价值"的数据可拿来借鉴：全社会的动态工资水平。作为一项更能够贴近货币购买力水平的可观察指标，它代表了当前一个普通劳动力的最新工资收入水平，其长期涨幅也和我们真实感受的物价水平大致符合。不论你正当青年在通过打工努力赚取工资，还是已年老需要聘请家庭保姆或者护工，全社会的实时工资水平数据总是相对比较容易了解到的，而且不会有较大的失真。

对于普通的年轻人而言，自己本身就是最重要的资产，可以通过工作去挖掘自己的人力资本潜能，同时每年赚取的工资性收入（人力资本）也会相对容易跟上全社会经济增长和实际通胀的水平。每年的二季度末，国家统计局都会定期公布上一年度全国就业人员的平均工资数据，若您长期定居在某座城市，可以找来所处省市统计局同期公示的历年普通职工平均工资增幅，作为一项实用指标去跟踪和大致参考。**如果想要让自己的资产保值增值，甚至为以后的财务自由做准备，那么建议长期目标投资收益率应该至少跟上这个人力成本的实际涨幅。**

以某位长期定居上海的投资者为例，假设他在 2004 年时投资了 10 万元，那么到了 15 年后的 2019 年，这笔钱增值到多少才是相对合理的投资收益呢？经至上海市统计局官网查询，上海市 2004 年市城镇单位就业人员的月平均工资为 2033 元，2019 年时该数据已增至 9580 元，累计增幅为 371%。以此类推，这笔 10 万元的投资，同期增值至 47.1 万元（折合年化收益率 10.89%）甚至更多时，就应该是一笔不错的投资收益了。

2004 年时这笔 10 万元相当于普通职工 49 个月的工资（100000 元/2033 元），假设到了 2019 年时增值至 18 万元（折合年化收益率 4%），虽然该笔投资在名义上实现了盈利，但货币价值却已贬至同地区普通职工 19 个月的工资（180000 元/9580 元）。实际可兑换的人力资本在投资了十几年之后遭遇了大幅的缩水，显然不是一个令人满意的投资结果（见表 1-1）。

表 1-1 GDP、M2、CPI 和上海市平均工资涨幅数据（1990—2019 年）

年份	GDP	M2	M2 与 GDP 之差	CPI	上海市平均工资涨幅
1990 年	3.8%	27.5%	23.7%	3.1%	12.0%
1991 年	9.2%	26.5%	17.3%	3.4%	15.6%
1992 年	14.2%	31.3%	17.1%	6.4%	26.7%
1993 年	14.0%	37.3%	23.3%	14.7%	32.3%
1994 年	13.1%	34.5%	21.4%	24.1%	31.0%
1995 年	10.9%	29%	18.6%	17.1%	25.3%
1996 年	10.0%	25.3%	15.3%	8.3%	15.0%
1997 年	9.3%	19.6%	10.3%	2.8%	7.1%
1998 年	7.8%	14.8%	7.0%	-0.8%	5.6%
1999 年	7.6%	14.7%	7.1%	-1.4%	17.3%
2000 年	8.4%	12%	3.9%	0.4%	9.0%
2001 年	8.3%	17.6%	9.3%	0.7%	15.2%
2002 年	9.1%	16.9%	7.8%	-0.8%	9.7%

(续)

年份	GDP	M2	M2 与 GDP 之差	CPI	上海市平均工资涨幅
2003 年	10.0%	19.6%	9.6%	1.2%	13.8%
2004 年	10.1%	14.9%	4.8%	3.9%	10.1%
2005 年	11.3%	18%	6.3%	1.8%	9.9%
2006 年	12.7%	15.7%	3.0%	1.5%	10.2%
2007 年	14.2%	16.7%	2.5%	4.8%	17.4%
2008 年	9.6%	17.8%	8.1%	5.9%	13.8%
2009 年	9.2%	28.4%	19.2%	-0.7%	8.3%
2010 年	10.5%	19%	8.4%	3.3%	9.3%
2011 年	9.3%	17.3%	8.0%	5.4%	11.2%
2012 年	7.7%	14.4%	6.7%	2.6%	8.3%
2013 年	7.7%	13.6%	5.9%	2.6%	7.3%
2014 年	7.4%	11.0%	3.6%	2.0%	8.2%
2015 年	6.9%	13%	6.4%	1.4%	9.0%
2016 年	6.7%	11.3%	4.6%	2.0%	9.5%
2017 年	6.9%	9.0%	2.1%	1.6%	9.7%
2018 年	6.6%	8.1%	1.5%	2.1%	9.8%
2019 年	6.0%	8.7%	2.7%	2.9%	11.9%

三、基于资本市场的历史数据

远期目标挂钩通货膨胀率只是给投资者一个大致的方向，最终我们还是要基于资本市场历史数据，去制定更为有效、可行的投资预期和具体资产配置策略，首先来看国内股市的长期回报率。

上海证券交易所综合股价指数(简称上证综指、上证指数、沪综指等)是国内股票市场历史最悠久的指数,是以上证所挂牌上市的全部股票为计算范围,以发行量为权数的加权综合股价指数。自 1991 年 7 月 15 日起开始实时发布,指数基日定为 1990 年 12 月 19 日(初始基日指数 100 点)。截至 2020 年 12 月 18 日上证指数 3394.90 点,整整 30 年时间累计涨幅 30 多倍,折合年化收益率为 12.47%。但由于上证指数未囊括深圳证券交易所上市的股票,而且其编制规则是按总股本市值加权计算的,并未采用更合理的按自由流通股本作为权重,长期走势会与 A 股全市场的真实收益存在一定偏差。

既然上证指数比较失真,那么我们把它当作投资中国股市的长期对比基准显然有失公允。"全市场指数"则涵盖了 A 股几乎所有股票的整体走势,便于投资者去迅速了解 A 股历史数据和当前真实水位,也可以当成一把衡量长期投资能力的标尺。

如图 1-1 所示,以全市场指数"国证 A 指"的历史走势为例,将 2005—2020 年这 15 年期间的四次市场底部区域为轴,画

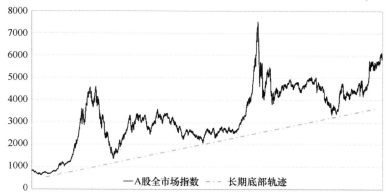

图 1-1　2005 年 2 月至 2020 年 12 月国证 A 指走势

出一条底部趋势线。得出以下结论：中国股票市场的价格底部每隔几年就会逐级抬高，并按着年均10%以上的增速上升。类似的全市场指数还有很多，例如万得全A、申万全A、中信标普A股综指、通达信流通市值指数、中证A股、中证全指、中证流通等，都可以得出相同的结论。

  为什么股票指数的长期底部区域会逐级抬高？正因为股票市场指数本身就是个一揽子的上市公司组合，即便其中有部分企业亏损，甚至个别公司最终退市，但整体仍是一个长期实现盈利的公司组合，每年的净资产也会随着企业利润的增厚而往上抬升。

  除此之外，还有一块收益很容易被投资者忽视，即主流指数（包括上证指数、沪深300、上证50、创业板指数等）在成分股派息时并不会像股票那样进行除权，而是任其自然回落、不予修正。整个市场的股息率每年少则1%，多则3%，综合下来还能年均增厚2%左右的收益。由此可见，在过去15～30年期间，中国股票市场的资产回报率在年化10%～15%，若坚持股息分红再投的话，那么你的财富将增值得更快。

  历史数据并不代表未来，过去的市场收益率是基于中国经济高速发展的大背景下获得的，随着我国经济体量的变大，今后经济增速很可能会进一步放缓，通胀水平也存在一定变数。但以上数据至少给广大投资者提供了一个清晰的思路，我们完全可以把目前所持投资组合未来的净资产增速叠加股息率，或者全市场指数的ROE（代表指数成分股的综合盈利水平），理解成一个比较合理的投资预期。

  如今可供个人投资者参与的金融资产已经非常多了，早已不局限于股票市场，其他大类资产的历史也可以通过数据回测去了解，在此基础上，我们就能够设计出个性化的投资策略了。例如处于不同年龄段的投资者，对于风险和收益有着不同的解读。据中国基金业协会前会长洪磊2017年时公开的一组统计数据显示，我国偏股型基金此前19年来平均年化收益率为16.18%，债券型基金平均年化收益率为7.64%。**建议年轻的投资者不妨更积极一些，通过超配股票资产去获得更高的期望收益；建议年长的投资者为了获取更稳定的现金流和更小的波动率，对未来的预期收益做出一定的妥协，去配置一定比例的债券或现金类资产。**

第三节 复利的价值

一、实现复利的意义

财富人生充满了"加减乘除"，稳定的工作是加法，日常的开销是减法，成功的投资是乘法，而通货膨胀和失败的投资都是除法。

我们正在从事的工作是安身立命之本，对于大多数人而言，增加财富的首选项就是去努力提高工资收入这项"加法"。据科学研究发现，人类的大脑在39岁时达到顶峰，在这之后大脑的灵活性、反应能力都会变慢。所以即便你是脑力劳动者，40岁之后的工作状态也会出现明显的下滑。努力的工作固然非常重要，但似乎有一块天花板在始终给你设定上限。因此除了极个别金领之外，绝大多数普通的工薪族都很难依靠工资性收入去致富，最终实现财富自由的关键还得看那个投资"乘法"（见表1-2）。

表 1-2　复利速算表

年均回报率	1 年	5 年	10 年	20 年	30 年	40 年
4%	1.04	1.22	1.48	2.19	3.24	4.80
7%	1.07	1.40	1.97	3.87	7.61	14.97
10%	1.10	1.61	2.59	6.73	17.45	45.26
15%	1.15	2.01	4.05	16.37	66.21	267.86
20%	1.20	2.49	6.19	38.34	237.38	1469.77
25%	1.25	3.05	9.31	86.74	807.79	7523.16

各位读者不要小看长期年均复利7%和15%的细微差别，20年后两者相差了4.23倍，30年后更是会拉大到8.7倍。当然实现复利的大前提，是你的投资收益率可以长期跑赢同时期的通货膨胀水平，持续跑输通胀的投资并不是在做复利，而是"复亏"，即持续地给财富做"除法"（慢慢变穷）。

或许以上公式还不是那么直观，再举一个更切合实际的例子。小王今年25岁，每月工资性收入约1万元，每年年末还会另有3万元年终奖金和零星兼职收入，现阶段事业发展得比较顺利，预计未来收入还能以年均8%的速度递增。从现在开始，小王每月拿出收入中的30%（首年每月3000元加上年终9000元，之后以此类推）进行长期投资，如果这项投资计划最终实现了12%的年复合收益率，那么在20年之后，小王这个专项账户就可以积累到590.57万元。而当年均复合收益率提升至15%的话，账户终值将会增至802.13万元！各位读者切莫认为长期年化回报率为10%~20%很难实现，后续章节会详细阐述具体的投资策略。

早年的我也曾经不太在意复利的价值，直到某一年的投资收益率实现了还算稳健的 15% 之后,猛然发现该年度的绝对盈利数居然已经大幅超过早年 40% 时赚取的利润,这让我真正体会到了复利的威力(100 单位下的 40%,收益远不如财富雪球滚到 500 单位后的那个 15%)。在复利效应下,正确的投资方式会给投资者超乎寻常的奖励。正如巴菲特的那句名言:人生就像滚雪球,重要的是发现很湿的雪和很长的坡。而巴菲特 90% 的财富也是 60 岁以后获得的,并非年老时的他要比早年厉害得多,而是财富雪球滚了更长的坡。

有些事是急不来的,人生本应细水长流。假如你的一生中只有一辆车,那么将如何对待它?所有人都只有一个身体和一个大脑,我们一定要好好爱护这部"车"。为何大多数杰出的投资家都健康长寿?因为只有长寿的人,才能将投资的复利效应发挥到极致。大家不妨记住一个数据:只要你的投资能保持 14.87% 的年均复利,那么每当你的寿命增加 5 年,你的财富就会相应的再增加一倍,最终个人财富的多寡,将更多地取决于"时间"。

幸福人生的复利不止于投资理财,个人综合能力的培养和增长、家庭成员间的和睦相处、财富的复利增长这三个方面是相辅相成的。我们可以把这一生的很多行为都理解成不同的"加减乘除",时刻保持复利的思维去滚雪球,也能够帮助自己和家人成就更美好的人生。

二、投资一定要趁早

曾经有位 58 岁的读者私下咨询我,他即将在两年之后步入退休生活，但刚刚开始学习投资，估算了一下手头的积蓄距离预想的财富目标还有很大的距离，咨询我应该怎么办？像类似这种情况我只能表示无能为力，要么降低预期的目标值，要么就得延迟退休几年了。毕竟距离终点目标的期限实在太短，想通过投资去实现高额收益的概率并不大，同时承受的风险却不小，并没有充足的时间给他采用积极的投资策略去钱生钱。总不能鼓励他在临退休之前去拼运气豪赌一把吧，这样的投资"容错性"太低了。

很多时候，投资和开车还是挺相似的。比如你计划驾车去参加某场重要的会议，不仅需要最基本的驾驶技能，最好提前给自己预留充足的时间去赶路。但总有人卡着点才出门，靠着一路猛踩油门，甚至还要祈祷车况和路况没有任何突发状况才不会迟到，显然把这趟行程的成败，完完全全地交给了"运气"，再高超的车技也可能因为偶发的意外状况而误点。其实完全可以通过早一点出发来避免。

长期投资更似一张无法改签的门票，而这张入场券往往耗费了投资者几年，甚至几十年的积蓄，待你经历了一次彻底的失败之后，是否还能承受这个投资计划落空的打击？若想通过节制的储蓄和聪明的投资，去摆脱完全依赖工资为生的局面，劝大家还得趁着年轻尽可能早地开始投资之旅。

除此之外，投资并不是与生俱来的能力，刚入市的你不光资金从零起步，包括理财知识、市场经验乃至挫折经历等统统几乎为零。投资新人需要积累的不仅仅是资金，更是投资经验和阅历。投资智慧是伴随着这个投资过程而增长的，做到知行合一也需要长时间的积累。当你投入几万元进行投资时，就已经可以通过持有资产的市值涨跌，来提前感受资产市场的周期和波动了，这是个人投资者很好的心理建设过程，也是将来滚大财富雪球之前必须经受住的考验。

总有些投资者觉得，最好是等到自己积累了足够本金之后再去好好地做投资，殊不知到时候"市场先生"收的学费也是加倍的，市场中天生的投资高手非常罕见，却永远不乏手握重金的投资菜鸟。因此，我们很有必要在资金还有限时，最好是在刚有了工资收入后，就进行必要的投资理财。合理地安排消费、计划性储蓄、科学有效的投资、良好的心态都将成为你可以永续的理财能力，这些会随着年龄的增长越发成熟，尽早领悟投资这门社会科学，找对方向，早点出发，其实谁都能变得富有。

我们回过头来看三组同龄的上海普通工薪家庭，在1985—2019年期间积累财富的案例（见图1-2）。

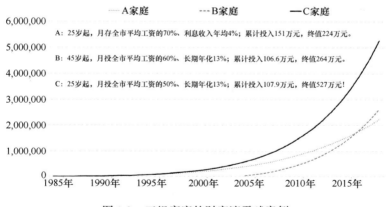

图1-2　三组家庭的财富滚雪球案例

A家庭：省吃俭用的保守投资者，25岁起每月储蓄全市平均工资的70%（从期初1985年，每人每月82.6元开始），长期把钱存在低息存款或者理财。截至35年后的2019年年末退休，累计总投入 151 万元，财富终值为 224 万元。

B 家庭：45 岁起每月储蓄全市平均工资的 60%（从期初 2005 年，每人每月 1341 元开始）进行有效的投资，最终实现年化 13% 的投资回报率，并在 57 岁时追赶上了 A 家庭。但毕竟投资计划做得有些晚，截至 15 年后的 2019 年年末退休，累计投入 106.6 万元，财富终值为 264 万元。

C 家庭：与 A 家庭同时开始存钱，但储蓄率降为 50%，与 B 家庭同样实现了年化 13% 的投资回报率。截至 2019 年年末退休，总计投入 107.9 万元，财富终值为 527 万元！即便该组家庭退休后不再追加任何投入，在 5 年零 3 个月后也能够把财富滚到千万元市值。投资者经历的时间越久，复利的效应越大。

无论你使用何种投资策略，决定最终结果的只有三个变量，投入的资金（本金）、投资回报率（复利）和长长的坡（时间），缺一不可！ 这也是构成"成功的投资"的三个关键要素。

三、稳健投资的价值和优势

投资的最终目标，应该就是衣食无忧了。作家可以凭借一部畅销著作，演艺明星可以凭借一部成功的商业片，运动员可以凭借勇夺一次奥运会冠军去实现，而我们普通的投资者靠什么呢？或许你也曾经幻想过能够靠着一笔幸运的投资一夜暴富，可现实非常之残酷，大牛市中资产翻倍的散户比比皆是，再过几年后回看，他们中的很大一部分人最终连本金都没有保住。

资本市场有很多讲不完的故事，有发家致富的，也有家破人亡的。在大家的眼中并没有所谓的专家，基本就只分为赢家和输家两类,几乎所有人都只记住了那个赢家,最终他被当成股神来簇拥和追捧。这就是为什么一个明摆着互摸口袋的负和游戏,即便99%的参与者都会亏损,但只要唯一胜出的那位赚到了极其丰厚的利润,在被放大的示范效应下,大多数人还是会趋之若鹜的。殊不知大多数赌局,哪怕你之前成功了99次,第100次做错还是会满盘皆输。

资本市场到底是用于积累财富的投资平台,还是赌场?这完全取决于投资者自己。而赌场里只有两种人,一种是现在的穷人,另一种是未来的穷人,只要你不停地去赌,那么最终全身而退的概率几乎为零。《股票大作手回忆录》的作者,有着华尔街交易之王之称的杰西·利弗莫尔(Jesse Lauriston Livermore, 1877-1940)在叱咤了资本市场多年之后,仍因最后一次投机的失败而破产自尽。在投资中遭遇巨幅亏损的人,几乎都犯了同样一个错误:想找到最快的致富方法,把自己交给了运气。

那么小资金起步的投资者,是否有必要激进投资呢?大家往往会在资金越少的时候,越是追求不切实际的收益率,转而去选择铤而走险的投资方式,期望能够借此改变命运。而偏偏此时的投资水平又是最弱的,所以屡屡被市场收割,这也注定了绝大部分散户的财富雪球始终滚不大。其实在资金不多的时候我们同样要讲究投资策略,认真地对待每一分钱,时间自然会回报你。**方向上的正确,远比速度重要!**长期实现复利的有效前提,必须是能够保持相对稳定的收益水平,否则财富的雪球也很难滚得起来。可以永续的投资体系就应该建立在即便没有牛市,长期也能够获利的基础之上,即参与所谓的"正和游戏"。

正和:比如持有业绩持续增长的公司,同时为持有者长期提供股息收入。

零和：固定的资金在同一池子里流转，比如无人从中抽水的朋友间牌局。

负和：例如有抽水抽佣的赌局、彩票、裸上商品期货、T＋0高频交易等。

人类在进化之初，生活在一个非赢即输的世界，一方获利意味着另一方的损失（零和）。提高生活水平的方法之一，是去降低别人的生活水平：比如购买一个奴隶。交易只能让其中一方得利时就构成了剥削，无助于提高社会整体的生活水平。现代社会中，固定的资金在同一池子里流转，就是一种典型的零和博弈，你赢的钱必然是其他参与者输掉的。不过大多数经济和社会活动有所不同，虽然参与者之间也会有利益冲突，甚至有人亏损，但经济活动更有可能在这个过程中创造价值，并实现双方得利（正和），就像贸易保护导致了贫困，而自由贸易可以带来繁荣那样。

具体到实体经济，经营者通过股权激励、授予期权等方式激励员工的斗志，最终产品创新后企业的效益增加了，公司股东、企业员工、消费者都可以是受益者，所有人都无须在别人损失的情况下才能得益。身为投资者，我们也要尽量参与这类游戏，选择多渠道，并用合理的价格配置一些有价值的企业或资产，给自己实现长期回报，而不是深陷于非赢即输、互摸口袋的无序竞争中。显然市场中大部分投资者，并没有真正理解到这个全体共同受益的理念。

一个中了500万元彩票大奖的人，和一个在资本市场中投资了十几年挣到500万元的人，是否拥有了同样的财富？狭隘地理解，两人的金融资产的确在同一水平线。而实际情况呢？在财富慢慢积累的这个过程,对于后者而言更是获取了一笔宝贵的财富,他同时拥有了可以让这笔金钱继续为自己工作的投资能力。投资很像一个需要阅历去沉淀的竞技项目,这才是我们下半辈子的主战场。常说太容易来的钱往往守不住,绝大多数一夜暴富者的确并不具备守财的能力。

美国职业橄榄球大联盟(NFL)退役球星中有78%的人会在两年内破产,美国职业篮球联赛(NBA)退役球星中也有60%的人会在5年内破产,他们之中不乏职业生涯时年入超百万美元的球星,为何在退役后的短短几年时间就如此窘迫?我国改革开放40多年来催生了一大批富人,其中有相当一部分因为时代赋予了致富机会,未来通过何种稳妥的方式去保护胜利的果实?他们也同样迫切需要学习相关的理财技能去驾驭这笔财富。进行稳健和均衡的资产配置,既能实现家庭资产的保值增值,同时还可以避免资产遭受过大的回撤,应该成为理性投资者的首选。

投资比的并不是谁更聪明,而是比谁干的傻事更少。

既然我们无法始终保持清醒,那事先构建一个均衡稳健的组合就能够大幅提高投资体系的容错率。例如做资产配置时兼顾股票、债券、现金等不同的资产大类,投资股票时兼顾价值和成长风格,投资债券时组合不同风险等级的债券类型,这些都是均衡配置的范畴。自信心爆棚的人也许还是会觉得以上这些足够均衡的配置方式是在浪费时间,但拉长时间来看,足够稳健且又有耐心的投资者,已经让自己立于不败之地,肯定要比激进冒进的投资者要更容易获得成功。如何构建均衡的投资组合,本书的第五章会进一步阐述。

第四节　容易被忽视的投资常识

一、企业利润高增长等于高收益？

为何明明买入一项业绩高速增长的资产，还是亏了钱？

2007 年上证指数曾经摸高至 6124 点，此后的 10 年时间，我国国内生产总值（GDP）总量从 270092 亿元增至 827122 亿元，期间经济增速高达年均 11.84%，但上证指数却未再回到同样的高度。很多投资者都会困惑，为什么投资于高增速经济体的股票市场，却没有分享到经济发展的成果，反而出现了亏损？这就要从投资收益的构成说起，我们到底赚的是什么钱？

投资股票市场的收益，主要来源于以下两条途径

(1) 企业的钱

通过企业内生的价值增长（包括通货膨胀）去推动净资产、分红派息、乃至于股价的长期提升。

(2) 情绪的钱

基于市场对投资标的预期的变化，从市场情绪的波动中博弈差价。市场中绝大部分投资者都在进行情绪化的交易，所以这种投资方式也更具有盲从性。其中的技术分析，就是一种比较典型引导大家如何通过研究市场情绪去获利的方式。

虽然两条途径的来源不同，但最终都会体现在价格上，因而很多投资者无从判断自己到底在使用何种方式。初看前者更像是在投资（研究内在价值），后者更像是在投机（判断预期差），其实两种盈利方式并不冲突，成功的投资完全可以两者兼顾。

图 1-3 模拟了同一家企业，在不同的商业周期下业绩和市场

价格波动的关系。相比于企业在不同商业周期下的业绩变化，市场情绪波动会进一步拉大该公司在二级市场的价差，当市场低迷时股价过度下跌，牛市中则呈现更高的溢价。如图所示，假设在市场情绪高涨时的 B 区域买入，即便之后企业的业绩增速依旧，仍可能让你的投资收益不及预期，甚至出现重大损失；如果在市场情绪低迷的 A 区域买入，那么你将有更大的概率去实现超越企业实际业绩增速的投资收益。

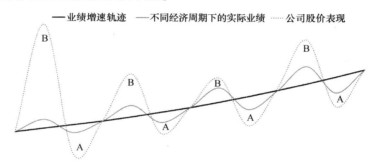

图 1-3　企业业绩和市场价格波动的关系

回看 2007 年上证指数 6124 点时的中国股市，虽然当时市场情绪仍空前高涨，但全市场指数估值已高达 65 倍市盈率，显然是一个类似于图中畸高的 B 区域，众多追高买入的股民在此后很长一段时间都在为这个曾经的高溢价埋单。如果你能在 A 区域，例如 2005—2006 年，或者 2013—2014 年 A 股全市场指数市盈率不到 20 倍时进行投资，结果就完全不同了，此后可以轻松实现远超市场平均水平的投资收益。

资本市场就是这么有趣，很多时候你所拥有财富的多寡（市场定价或账面价值），并不是由"内在价值"决定的，而是由别人的情绪决定的。 而大部分身陷其中的投资者，情绪也会跟着别人的情绪去波动。大家恐惧的时候，一致性抛盘导致了低价，自己就比别人更恐慌（跟着卖）；大家贪婪的时候，一致性追高引起了泡沫，自己就比别人更贪婪（追着买）。

再来看一个美股的案例。幻想一下，假如咱们穿越回1973年，我会明确告知你当时的"漂亮50"龙头股麦当劳（MCD）之后10年的净资产收益率（ROE）都会稳定在每年25%以上，你会不会心动？可此后麦当劳的股价将在1973—1983年整整套你10年，这仅仅因为1973年时麦当劳的股价已经对应了非常高估的75倍市盈率，随后的10年时间缓缓跌至7.5倍市盈率，估值整整往下杀了90%。好公司并不等于好股票，买贵了恐怕同样会是个坑。到底何为贵，何为便宜？如何判断一项资产的估值水平，本书第二章会详细阐述。

二、投资收益，可否线性式实现？

假设我们给自己设定了长期年化15%的投资目标，怎么去实现呢？最理想的路径当然是每年都挣15%，但那绝对也是你想多了，投资可不能当成是在给自己领工资啊。有一个段子想必有读者看过：每天结账是短工，每月结账是工薪族，每年结账是金领，而每隔几年结账的才是投资家。这并不是玩笑话，"三年不开张，开张吃三年"本就是经济周期的规律，做任何投资都会有对应的回收周期。

以沪深300指数为例，自2004年12月31日基值1000点开始，截至2020年12月31日的5211.29点，16年时间累计涨幅为421.13%，年化收益率为10.87%（未包括期间各成分股的派息收益)。将历史走势再按各年度拆分后可以发现,其实我国股票市场每年的波动率都非常高,显然不可能让投资者在任何的时段买入,都能轻而易举地实现10%左右的年化回报率。

如表1-3所示,沪深300指数在2005—2020年,其中有七个年度的涨幅是负值,与此同时还伴随非常大的波动性。很多投资者之所以不愿意花时间去等待,正是因为投资难以像赚取工资收入那样去线性地获取稳定的收益。而投资之美,正在于它的不确定性。

表1-3 沪深300指数各年度涨跌幅和年内振幅(2005—2020年)

年 份	沪深300收盘点	年度涨跌幅	年内振幅
2004年	1000.00	—	—
2005年	923.45	-7.66%	31.16%
2006年	2041.05	121.02%	121.59%
2007年	5338.27	161.55%	190.12%
2008年	1817.72	-65.95%	258.30%
2009年	3575.68	96.71%	106.93%
2010年	3128.26	-12.51%	46.12%
2011年	2345.74	-25.01%	49.11%
2012年	2522.95	7.55%	29.29%
2013年	2330.03	-7.65%	37.97%
2014年	3533.71	51.66%	70.49%
2015年	3731.00	5.58%	82.26%
2016年	3310.08	-11.28%	32.08%
2017年	4030.86	21.78%	30.53%
2018年	3010.65	-25.31%	48.52%
2019年	4096.58	36.07%	40.54%
2020年	5211.29	27.21%	48.88%

很多中小投资者对于投资的不确定性非常抵触，最终反而更容易陷入一些承诺包赚不赔的投资陷阱中。例如，最终涉案金额超过 400 亿元致使 22 万人血本无归的泛亚投资骗局，当初对外的宣传语正是："适合风险偏好低，用于资产管理的时间有限，希望获得稳定收益的投资者。"

建议各位读者牢记这条投资常识：资本市场中最稀缺的就是确定性，安全性和确定性两全的投资方式注定是低收益的品种，长期必将大幅跑输通货膨胀水平，例如银行定期存款和中央政府信用背书的国债。

如果有一种每位普通投资者都能参与的投资项目，它同时还承诺了高额收益，甚至连投资收益也是线性式赚取的（市值稳定增长、每年稳定付息且从不会出现任何回撤），那么这大概率会是一个庞氏投资骗局。另一种"高确定性"的投资，或许就是全民非常看好的项目，此时投资者势必要支付非常高昂的溢价，最终未来的回报率存疑，实则隐含了巨大的投资风险。

借用富兰克林的一句名言：在这世界上，除了死亡和税收以外，没有什么事情是确定性的。"不确定性"本就是生活的一部分，因为担忧收益和风险的不确定性而主动放弃投资，显然是不明智的。我们需要做的，是如何应对这些不确定性带来的影响。**你可以通过分批建仓来减少资产价格的剧烈波动带给你的影响，或者持有具稳定现金流的投资组合，让你的资产在熊市也能安然过冬，再或者采用适度分散以及保留适量现金池的方法，去平滑账户的市值波动。**这些都是在保障长期投资收益的前提下，避免被短期的不确定性伤害的投资方式。

投资很像是在种庄稼，如果刚播种不久你就去时不时地统计收成，肯定不会令人满意。资本市场同样具有周期性，我们一定要耐心等待一轮完整的周期走出来再去收获，这时候方能赚到足够可观的收益。我们可以确定的是经济周期早晚会轮回，但无从得知每一轮周期的涨跌强度和时间跨度，所以作为普通投资者若想实现成功的投资，也必须容忍这些不确定性。

大多数投资者在持有权益类资产的初期，都要经历一段不那么短暂的成本胶着期。使你在浮盈或浮亏在10%～20%区间来回徘徊，这种经历的确让投资者很难受，总让你会随时萌生一卖了之的念头。我称之为投资过程中的"焦虑期"，很多人会在这个阶段就轻易放弃了一个很好的长期投资计划。若想要日日新高、安心入睡的账户净值走势，那么还是只能全仓持有低息的固收品种了。但若干年后的结局或许会相反，待你的这笔投资最终远远跑输了通胀，不足以轻松养老的时候，到时你又该焦虑了（见图1-4）。**投资者必须同时战胜两个敌人：通货膨胀和不确定的波动性。**

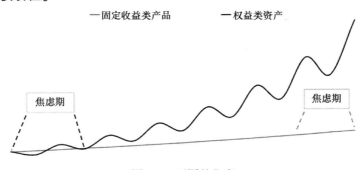

图1-4　不同的焦虑

1979年，心理学家丹尼尔·卡内曼（Daniel Kahneman）和阿莫斯·特沃斯基（Amos Tversky）提出了著名的"前景理论"

(Prospect Theory)。其中有一项结论：大多数人在面临获利的时候是风险规避的，在面临损失的时候是风险喜好的。

下列两个投资方案供您选择

A：100%获得10000元；

B：80%的概率获得15000元，20%的概率什么都没有。

面对投资收益，大多数人会选择高确定性的A，而不愿意去冒风险，即"落袋为安"。

而把以上选项，改成亏损的模型后：

A：100%亏损10000元；

B：80%的概率亏损15000元，20%的概率避免损失。

面对投资风险，大多数人会选择不确定的B，甘愿为了避免损失而去"赌一把"。

显然，人们在收益和风险面前，对于"不确定性"有着不同的衡量标准，直觉下反而选择了那个期望收益率更低的投资方式。 这也是为何绝大多数投资者更容易在蝇头小利时就着急下车，但凡持有了一个明显错误的投资标的时，哪怕只有1%的解套概率，也宁愿继续死捂等回本的主要原因了。这是人性的弱点，也是每位市场参与者必须战胜的金融行为课题。

第五节　如何定义成功的投资

市场中大多数参与者，常以自己某一笔交易的成败来衡量投资是否成功。好比某位朋友在你面前炫耀上周刚买了500股某某股票，今天大涨后卖出净赚了几千元。这的确是一次挺不赖的短线交易，这笔收益起码可以应付一次短途旅行，或者去搓一顿足够豪华的烛光晚餐，与此同时还能让自己收获短暂的喜悦。但距离实现成功的投资仍相差甚远，成功的投资者应该符合以下几项要素。

一、长期业绩是否跑赢了市场基准

如何检验自己的投资业绩，了解制定的具体策略是否在起作用？怕是很多投资者并没有合适的标准。**给自己的长期投资计划设立一个业绩比较基准，定期分析和评估该策略是否合理，应该是整个投资的重要一环。**

例如，你的资金长期投资于中国股市，那就可以把 A 股全市场、沪深 300、中证 800 等主流指数当作业绩对比基准；如果投资于美股，那么可以把标普 500 指数当作业绩对比基准。相较于这些代表市场平均的对比基准而言，你的长期投资是否实现了超额收益，应该是衡量投资成功与否的一个重要标准。如果投资很久之后连主流指数都没跑赢的话，那么还有必要再折腾下去么？不妨考虑去投资指数基金，至少能够简便和高效地紧跟市场平均水平。

二、是否解决了实际问题

不少投资者进入股市的目的，就是抱着小赌怡情的心态来玩玩的，刚开始并不是真的想着去保值增值，或者改善未来的生活。等吃到一轮大牛市后，才发现原来先前自己投入的本金太少了，即便账户资产实现翻倍也解决不了什么实际问题。及时醒悟但为时已晚，此时市场中已经没有什么便宜的筹码了，在狂躁的市场氛围下很容易再次增加投入资金去追高。

这类投资者通常会在几轮牛熊周期之后，手中的财富依然在原地踏步。**因此除了合理的投资预期，在市场机会还不错的时候也需要力所能及地多投入一些本金，否则你做的投资只能始终停留在自娱自乐阶段，永远都改变不了什么。**快与慢都是相对而言的，"慢而不怠"那就是快！

三、实际收益率为正

实际收益率就是扣除了通货膨胀因素以后的收益率，具体指资产收益率（名义收益率）与通货膨胀率之差。这也是为什么有些长期投资的项目已回本，或呈微利状态，但很可能这笔投资的实际收益率还是负的。

现金会随着时间的推移而改变价值，任何造成这笔资金最终的购买力产生缩水的交易行为，都可以归为"失败的投资"。这个理念不仅仅针对通货膨胀，也同样适用于通货紧缩，如果由于物价持续走低而导致货币的购买力得到了提升，那么即使你在这段时间内的投资仅仅做到保本，实际收益率也可能为正，虽然这种情况很少会发生。

四、时间和精力的投入

评价长期投资成功与否，最终是否实现可观的收益肯定是主要衡量标准。但假如所做的投资让你再没有闲暇去享受生活，甚至每天还得沉浸在深深的焦虑和恐惧之中，那就得不偿失了。投资的本意是为了可以腾出更多自由的时间来做自己喜欢的事，让生活变得更加美好的。假设有两种风险与回报比近似的投资方式，其中所耗时间和精力相对较少的那一个，理应成为投资者更优的选择，自己也能在财富稳健增值的过程中兼顾生活上的平衡。

为什么我们身边常有些每天忙着做高抛低吸，投资业绩却始终平平的投资者？而又有一部分投资业绩卓越的人，反而看起来没有那么累呢？正因太多的个人投资者对于机会的认知存在差异，总觉得这个市场每天都有波动，如果不去好好"把握"就可惜了，误认为高频交易才是股市的盈利之道。

其实，投资并没有多劳多得这一说，"市场先生"从来就不会根据你的勤奋程度来派发利润。**拉长时间来看，绝大多数高频交易都是在瞎忙，最终却白白便宜了赚取佣金的券商和销售机构。**投资是为了追求幸福的生活，并不意味着这个过程必须非常的痛苦。而真正成功的投资，也无须占用你过多的时间。

第六节 关于致富，你到底有多耐心

总有些朋友问我，他（她）入市炒股也很多年了，却始终没有挣到什么大钱，甚至亏损连连，真的是这个市场太差了么？我也一直在思考为何大多数普通投资者，在现实生活中曾经历过几次足以改变命运的机会，却仍然难以翻身？为什么富人可以更富，而穷人连上一个台阶都很难？我们可以从经典的棉花糖实验（Stanford Marshmallow Experiment）说起。

1966年，斯坦福大学的沃尔特·米歇尔（Walter Mischel）博士在幼儿园里进行了一系列关于自制力的心理学实验。测试方法就是让孩子们在直接拿走一颗棉花糖，或者继续等待15分钟后可以拿走两颗棉花糖中进行选择，这是一种关于"延迟满足"（Delay Gratification）很有趣的观察方式。根据后续的跟踪，研究者发现当初选择等待更长时间拿走两颗棉花糖的孩子们，此后几年大多取得了更优秀的学习成就和体质。想要获得即时反馈和实时满足是人的天性，在成人世界中大家也同样更青睐即时反馈的活动。例如，10分钟就能决胜的手游、当天即兑奖的彩票、即买即开的盲盒玩具、日内短线交易等，这些行为都很容易让参与者成瘾。假使这些游戏的谜底必须等待半年之后才能揭晓，想必也没有多少人会去玩了。

大多数人更偏好享受现在的美好，而不是憧憬更遥远的未来。如果你从小就养成了急功近利的坏习惯，那么这会始终阻碍你获得更大的成就。若能像等待第二颗棉花糖那样适当延迟满足，随着时间的推移，未来更容易过得好一些。"延迟满足"是否由天生的性格决定呢？事情并没有我们想得那么简单。

在此后新一轮的棉花糖测试中，研究者发现富裕家庭的孩子才更愿意等待第二颗棉花糖。为什么会这样呢？正因为在富裕家庭长大的孩子，家中的食物和零食总是充足的，所以在实验过程中面对测试者给出第一颗棉花糖，几乎不用担心测试者的临时变卦，而更愿意多花15分钟去博取翻倍的收益。为何家庭条件更差的孩子，不愿意多等这15分钟呢？对于穷人家小孩来说，第一颗糖的诱惑已经不小了，童年时家中习以为常的稀缺会让他（她）更容易去追求眼前的短期利益，当下他（她）需要先保证吃到糖，而不是吃几颗的问题。第一颗糖已经能够带来确定性的欢愉，何必再去赌一个不确定的未来呢？

不可否认，由于每个人的成长背景存在着差异，时间偏好和耐心程度肯定是不同的。而大多数人都喜欢在交易之后，马上获得即时反馈（收益），正因为时间过短，持有的资产还没有来得及在这么短的时间内产生价值。快进快出的短线投资者不可能从企业创造价值的过程中受益，那么他们势必深陷在全市场参与者互摸口袋的负和游戏之中，长期无偿地为资本市场贡献着流动性和超额收益。这群不愿意慢慢变富的人，大多数最终沦为资本市场的牺牲品。

远古时期的农耕时代，对于耕种失败的家庭而言，面临的危机不仅仅是饥饿，甚至可能是家庭成员的死亡。所以我们也可以理解，对于大部分曾经历过贫穷的人而言，风险厌恶程度往往是非常高的，即便如今他（她）早已摆脱了贫困。

现实生活中越是贫困家庭出身的孩子，由于积攒初始本金的过程愈发艰辛，自然很容易把短期的波动看得更重，导致能够坚持长期投资的比例非常低。这也是为何国内很多个人投资者，即便自己节衣缩食了一辈子，从来没有过重大的投资失误，却始终未滚起财富雪球的原因之一。看到这里或许我们只有更多的无奈，但真的没有机会改变了么？

2000年贝索斯问巴菲特：价值投资、长期持有，你致富的道理真的就那么简单？那为什么只有那么少的人做到？巴菲特说：因为没有人喜欢慢慢变富有。几乎所有人，都希望自己能在最短的时间内赚到更多的钱。

在漫长的投资过程中，如果市场真的给了机会，允许你以合理的价格买入一项优质的资本，这将意味着更美好的未来，那么试着让自己抱有"富人"一般的心态去长期坚守，并看淡投资途中的那些正常的市值波动，就显得尤为重要。

耐心，是投资者最可贵的品质。着眼于长远利益，放弃暂时的欢愉，这种延迟满足的能力正是很多成功者最终成为人生赢家的原因。年轻时穷，也许是因为还没有足够的资本，而年老时仍旧贫困潦倒，或许是由于自己的思想太"贫穷"了。普通的个人投资者，是否可以通过投资变得更加富有？这将取决于你到底有多耐心，而财富的增长最终会给你回报。

第二章

资产配置中最重要的事

第一节　集中投资之殇

破产的有两种人，一种是什么都不知道的，另一种是什么都知道的。

如果你分散持有了市场中所有的股票，那么自然只能获得市场平均收益。投资组合越集中，我们获得超额收益的机会就越大。但凡事都有两面性，过于集中的投资同样大大增加了超额亏损的风险。集中投资，还是分散投资？这是一个永恒的投资话题。

截至2020年年底，国内沪深两市的股票个数已超过4000只，场内外公募基金超7000只，外加沪港通等跨境品种和衍生品，可供个人投资者进行实时交易的品种远超10000只。或许不少投资者仍会认为，成功的投资不就是在最正确的时间买入一只正确的股票，然后等到它在高点的时候再掐着点卖出么？那我们怎么找到那个六位数的致富代码呢？

现在市场中有一种声音，即只要你能找出好的赛道，再优选其中一只龙头股票，牢牢地持有到老就行了。当前市值规模处于全行业，甚至市场头部的上市公司，毫无疑问是过去几年中比较优秀的投资标的。大家也正因为公司的股价暴涨了好多倍，才发现其实它才是龙头公司的。但这仅仅代表了过去，未来同样存在着很多的未知数。每隔几年市场中就会有好几家类似的大型公司开始走下坡路，甚至垮掉，在未来10年继续保持经久不衰的公司不会超过5%，这些还只能在事后才知道。集中投资方式下的踩雷也许会迟到，但永远不会缺席。

那为什么大多数新入市的投资者并不了解这些呢？正因为这些公司如今早已不再是市场的焦点，会被媒体选择性遗忘，毕竟失败者是没有资格再度现身的。

很多行业的龙头公司也会不断地更替，投资者往往会在原先的龙头公司跌去 50%，而在另一家后起之秀暴涨了几倍之后，才发现原来行业内部已经发生了翻天覆地的变化。所谓的长期持有行业龙头股，实则是一个看似稳妥，但万一押错就可能万劫不复的赌局。

例如，2010 年时作为电商上市公司的代表苏宁易购（002024），其股价曾在五年时间里暴涨 30 倍之多，当时已被各家机构追捧为中国未来的"亚马逊+沃尔玛"。众所周知，在短短数年之后国内的电子商务市场已经变成阿里巴巴、京东、拼多多三足鼎立。虽然此时苏宁易购的经营数据仍处在第一梯队，还并没有怎么掉队，但毕竟与之前成为电商霸主的预期相差甚远，最终还是被市场抛弃，股价长期萎靡不振。

而那些经历了基本面下滑的行业龙头公司，股价走势就更惨了。1993 年在港交所上市的老牌蓝筹股思捷环球（00330），这家上市公司作为曾经引领全球衣着潮流的服装业巨头，集团旗下全球知名的休闲品牌 Esprit 分销至 46 个国家，稳居 WPP《全球最具价值品牌 100 强》。公司 2002—2008 年的营收及净利润平均复合增长分别高达 26% 和 35%，股价也走出了近百倍的长牛，总市值超过 1700 亿港元。21 世纪之初，入职该公司设计部门已成为很多香港大学毕业生的职业梦想。谁又会料到该品牌在此后几年迅速没落，公司的业绩相应下滑，股票市值蒸发了 97%。

是否有读者在想，投资者可不可以在公司基本面刚刚发生逆转的那一刻，就及时卖出换股呢？殊不知，思捷环球在2009年2月披露公司盈利首度下滑的财报时，公司股价早已领先于基本面，较两年前的高点跌去了62%。时代淘汰你的时候，从来就不会打招呼的，散户又总是信息源的最底层，此时再急忙调仓换股到新的龙头股上去？试问下自己，你的钱究竟经得起如此换几次？

20世纪90年代末，怀揣着2700元本金入市的我也和大多数股民一样，想当然地认为集中于一只股票进行投资，才是散户实现弯道超车的有效方式。那时候曾经有过一个梦想，就是期望持续买入某家小市值、高成长的企业，直到它变成大公司后自己的名字也能出现在前十大股东名单中，现在回想起来不免有些可笑。**在投资了很多年之后，我才慢慢领悟到了成功的集中投资还必须兼备一些要素：选对标、下重注、吃主升段，这三者缺一不可，每一个环节都如履薄冰。**

更大的问题在于，大多数投资者并没有做集中投资的承受力，即便给他幸运选到一个优秀的长线投资标的，过程中也很容易因为巨幅的股价波动而情绪失控，直到怀疑人生，大多会在股价起飞之前就卖出了。显然想通过集中投资的方式致富仍是极其困难的，这不光要求投资者具备远高于平均水平的投资能力，更需要一点点运气。我们没有必要用自己的一生，去博弈这样的小概率事件。

比起公司未来的业绩不及预期，更让投资者发憷的是"黑天鹅事件"。比如长生生物，在2018年被爆出疫苗造假之后股价几近清零，最终退市；港股佳源国际控股，在被媒体质疑销售数据注水和债务违约传闻后,股价便应声下跌80%;美股GTAT由于其生产的蓝宝石玻璃屏没有被采用在苹果公司发布的新一代iPhone中,复牌当日即暴跌93%。如此惨烈的个股,每年还能找出很多。

科学和投资都是在未知的复杂世界中寻找规律,两者的区别在于:做科学研究,哪怕你错了1000次,只要最后那一次成功了,就足可扬名立万;投资则相反,即便你正确了1000次,只要经历过一次致命的错误,最终仍将满盘皆输。"活着"是最重要的,其次才是盈利。

彩票是典型的负和游戏,为何还总能吸引广大民众积极参与?在有可能的暴利面前,实现的概率是多少已经显得不那么重要了。大多数投资者还是会倾向于相信自己的"慧眼",去发掘一只"牛股"。你永远都不可能做到100%了解一家公司,更何况公司唯一不变的就是"变化",普通投资者恐怕是无法适应这种变化的。承认自己平凡太难了,人性如此。

21世纪开启后,企业新旧更替的速度越来越快了,近些年来的大中型企业不光越来越容易破产或重组,连传统的行业趋势也变得更加让人琢磨不透。从"黑天鹅"的定义上来看,黑天鹅事件本身就是难以预测的。既然我们无法提前预知事件的发生,那么自然很难去彻底躲开它。德国哲学家亚瑟·叔本华(Arthur Schopenhauer)在《人生的智慧》中写道:人的一生,不是要去追求幸福,而是要避免痛苦。当你入市的时间越久,就越无法避免这些意外的踩雷,如何将类似的损失控制在比较小的范围,保证自己长期还能留在投资游戏之中,最终成为长期投资中真正的赢家呢?不妨用分散化的投资去化解。

第二节　资产组合的分散化

体育频道中的足球赛事精选，播放最多的永远是进球集锦，很少有观众想回看防守队员在自家门前的救险集锦。可见人们还是更享受酣畅淋漓的进攻，而容易忽视那些默默无闻的"补锅者"。大家在做投资时同样习惯专注于收益，而常常忽视风险。**其实拉长时间去看，不论是足球比赛，还是做投资，防守才是最好的进攻，有效地避免资产出现大幅回撤，才能使财富的雪球更有效地滚起来。**

这个世界还是很复杂的，并不是非黑即白，会存在很多中间地带。假如你只想通过交易一只股票来赚取全部的投资收益，那么等同于把自己财富的命运交给了这一家公司。它可能成就你，也可能瞬间把你毁掉，我很不喜欢这种感觉。**分散，才是对投资者最好的保护！**

例如，某家主营儿童退烧药的制药公司，在 2010 年央视新闻播报了一则"尼美舒利用于儿童退热时出现数千例不良反应，甚至死亡病例"的报道之后直接一蹶不振。如果可以把自己的资产组合分散化，不止平滑了资产的波动率，同时也规避了类似行业内的偶发事件给你造成重大损失的可能性。**分散投资的特点并不止安全性，更在于降低风险的同时，照样能够获取不错的长期收益，因此分散化是投资管理中"免费的午餐"！**

投资有时候像种树，在你种下一棵小苗后，期待它长成大树需要足够长的时间。为了使长时期的等待不至于一无所获，我们最好去适度增加播种的数量以提升最终的成功概率，分散投资也是同样的道理。那么到底投资多少只股票才能做到充分的分散呢？我们很难找到一个界限，这取决于它们的标准差和相关系数。有很多证券彼此是高相关性的，即使你同时配置也无法起到很好的分散作用，例如两家主营业务相同的上市公司、行业龙头公司和对应的行业指数基金、某公司与其关联持股公司、黄金和以采掘金矿为主的开采公司等。**分散的前提，还是得尽量选择相关度比较低的行业和证券去做组合。**

集中和分散也是相对而言的。大家或许都知道巴菲特是倡导集中投资的，却很少有人了解到其实他所做的集中也只是把10来家长期看好的公司股票分配到超过80%的仓位上，这对于很多个人投资者而言已经是超级分散的投资组合了。大多数机构投资者会把权益类资产的头寸至少分配给30只证券，而投资大师彼得·林奇（Peter Lynch）的基金曾经持有了超过1400只股票。那么个人投资者持有多少只股票，才算是相对的分散投资呢？同样没有标准的答案。**我个人会建议普通投资者，如果想要自行构建股票组合，最好能把资金至少分配给5只以上不同行业的股票，若现有的资金量和时间精力无法满足的话，不妨先去投资自带分散投资属性的指数基金。**

分散化投资也并不只是多买几只股票那么简单。把资金分散投资到不同的证券上面，进而选择指数化的投资，甚至构建一个种类繁多的大类资产配置组合，这都能帮助你迅速地降低投资风险。多元化程度越高的组合，显然能够更好地抵御市场的剧烈冲击。

除此之外，分散投资的另一个维度是时间上的分散。资本市场始终具有周期性，股指很可能会在不到半年时间内就有30%

以上的振幅，因此我们将劳动所得的收入分期分批投入市场，甚至采用"定投"的方式在固定的时间节点进行布局，都可以进一步降低投资风险。**分批式布局作为一种高容错率的资金管理模式，也可以直接避免因为一时冲动在高位一次性建仓，特别适宜现金流比较稳定的个人投资者。**

第三节　资产配置的思路

每一个投资者都应该建立一套能够不被投资情绪轻易干扰的稳健投资体系，而让投资者安心的最佳方式就是资产配置了。

价值投资之父本杰明·格雷厄姆（Benjamin Graham）早在《聪明的投资者》一书中就提出了资产组合的概念。由于股票和债券与宏观经济都有着密切的联系，但又呈现明显的负相关，那么将股票和债券各按50%去配比，假设未来股票市场的年回报率有10%~13%、债券年回报率在5%~8%，那么理论上这个非常简易的50/50股债平衡组合就能够获得年均7.5%~10.5%的投资回报率。进一步优化，还可以把股票资产的比重设定在25%~75%区间调节，这样可满足普通投资者的基本需求。

美国经济学家哈里·马科维茨（Harry M. Markowitz）随后在1952年发表的论文《资产组合选择：有效的分散化》中首次建立了均值和方差模型，对资产的风险和收益进行量化。作为现代证券组合管理理论的开端，给投资者如何确定最佳资产组合提供了更可行的计算方法，并且证明了分散投资的优势：将资产组合分布在不相关的资产之间，可以增加收益，减少风险。之后这套理论被广泛地应用到优化投资组合和大类资产配置中，因而他获得了1990年的诺贝尔经济学奖。

之后的几十年间,由于在诸如2008年金融危机中,权益类证券遭遇了比较极端的暴跌走势,即便多样化仍不足以做到尽量少的回撤,现代组合投资理论也因此遭到了业内不少质疑,在此背景下衍生出常春藤捐助基金、风险平价模式、耶鲁模式、挪威政府养老金模式等不同的资产配置流派。但鉴于马科维茨的这套投资理论相对简单易用且便于理解,仍建议个人投资者将其作为资产配置的入门首选。**如果你对资金回撤控制的要求特别高,可以考虑在此基础上采用优化的方式去进行更加动态的配置,以构建安全性更高的投资组合。**

另据国外学者嘉力·布林森(Gary P. Brinson)等人在1986年和1991年的多项研究表明,投资收益的主要来源取决于以下几方面:其中资产配置决定了投资组合收益方差占91.5%、选择股票占4.6%、多空择时占1.8%、其他占2.1%。通俗化的理解,即如果去分散配置那些长期必将上行的大类资产,那么即便它们彼此之间的涨跌周期存在着巨大差异,长期依然能帮助我们实现可观的投资收益,同时在投资过程中可以有效地平滑资产波动。而择股和择时这些看似很重要的投资技能,相对不值一提。"分散"只是让你暂时远离短期暴富,但并不代表低收益,你依然走在大概率制胜的道路上。

通常只有当资产达到了一定规模的稳健投资者,才会更多地关注资产配置。激进的集中投资者总想让自己的财富迈上一大格台阶之后,再考虑稳妥的资产配置。而幸运的成功者往往也会路径依赖,好比站在悬崖边看惯了美景,就不断自我强化这么做的正确性,届时并不甘心去适时后撤两步,仍会将自己继续设于险境。赚惯了快钱的人，是很难有好结局的。而大部分失败者就更不愿意去轻易地妥协了。所以在现实生活中，真正在进行资产配置的个人投资者少之又少。

其实，资产配置的另一个优势，就是不易受资金体量的限制。有着全球资产配置头号玩家之称的耶鲁大学捐赠基金，最新资产规模已超过 300 亿美元，在最近 30 年里采用积极的资产配置策略，同样实现了超过 12% 的滚动年化收益率。而普通投资者的资金规模要小得多，在市场中会有更多实现超额收益的机会（详见本书的第六章）。**不论你是刚刚起步的投资新手，还是市值已过千万的牛散，资产配置都将是一个可以永续的投资方式。**

第四节　风险与回报比

风险与回报在很多投资者眼中看似毫不相干，其实它们是一对孪生兄弟，只有承担了足够的风险才可能赚到钱。成功的投资者都会在执行每一笔交易之前，首先想到投资的风险，而不是回报。

关于风险的具体定义，应该是"最终结果不及预期的可能性"。

以股票、债券、现金三类资产为例，长期而言股票的预期回报率要高于债券，债券的预期回报率又高于现金，但由于股票市场的波动更加剧烈，最终投资结果不及预期的可能性也会大大高于债券和现金类资产，三者的投资风险依次递减。与之相对应的是，股市出现大幅波动，意味着那些经营稳健的优质公司的股价有时候也会跌到明显低于合理区间的位置。对于理性的价值投资者而言，这就提供了获得高额回报的机会。最终风险与回报相辅相成，只要你参与的不是负和游戏，我们承担的大部分风险都是能得到补偿的。

持有资产时面临的风险不仅仅是市值的跌宕起伏，还有流动性风险、信用风险、货币风险等。例如持有一个成交非常清淡的品种，在急需用钱时也许面临当前市场价无人接盘的窘境，若想迅速变现，只能挂出更低的价格试探是否能有新的买家。风险与回报也并不完全以资产类别来区分，比如通常理解投资股票的风险要大过债券，但持有一只股息稳定的蓝筹公司股票，就很可能比买入低评级的高收益债券要安全得多。**我们制定的任何投资策略，都应该把风险控制放在比较重要的位置，在综合权衡风险和回报之后，再去做出最终的选择。**

风险也是相对而言的，投资者通常只把资产的价格下行当成风险。而在价格持续上涨的阶段，如果持有了过多的现金资产显然很难跟上市场，这时候投资者面临的就是上行风险。关于风险和回报，还有另外一种解读。即假设我们投资一项资产，虽然资产价格可能出现大幅度的波动，但只要有理由确信在其投资期满后所带来的购买力能够得到提升，那么这项投资就没有风险。反之，即使某项我们通常意义上理解的"无风险资产"，只要它的到期购买力出现了下降，那我们就可以认为这项资产是具有风险的，有时风险甚至还很高。曾有海外市场人士把收益稳定的美国国债形容成"无回报的风险"，而不是传统意义上的"无风险的回报"。

理论上，风险和回报应该是对称的，比如低风险/低回报、高风险/高回报，但并非始终如此。例如当投资者在市场极度泡沫的阶段，去建立一个股票组合做长期投资，那么就是一项典型的高风险/低回报的投资，如果能在市场低迷的时候做同样的布局，则恰恰相反。说到风险与回报之比，有必要给读者介绍下已成为很多专业投资者的"资金管理利器"——凯利公式（Kelly Formula）。

$$f = (bp - q)/b$$

式中，f 是下注的比例；b 是投注可得的赔率（不含本金）；p 是成功概率；q 是失败概率，即 1 – p。

正和游戏：期望值（bp – q）为正，参与者有较大概率胜出；

零和游戏：期望值（bp – q）为 0，无明显优势，没有投资价值；

负和游戏：期望值（bp – q）为负，参与者完全处于劣势。

例如，有下列两种游戏，供参与者选择：

A 游戏：有 30% 机会赢得 100 元，剩下 70% 概率输掉 40 元；期望值 = 正 2 元（正期望）。

B 游戏：有 60% 机会赢得 20 元，剩下 40% 概率输掉 35 元；期望值 = 负 2 元（负期望）。

假如，投资者自始至终参与 A 游戏，只要博弈的次数足够多，最终大概率会实现盈利；如果坚持参与看似胜率高出一倍的 B 游戏，那么早晚有一天会输个底朝天。**归根结底，投资还是时间与概率的游戏，追求风险收益比的长期主义者终将胜出**。无论是牌局、投资，甚至职业规划，多去结合风险和回报比（赔率）的思路去分析它们的期望值，总能帮助你把握更多的人生机遇，并且规避掉不必要的风险。

第五节 经济周期简析

简单来讲,经济周期(商业周期)就是经济运行过程中出现的起伏。经济周期往往取决于货币政策以及信贷总量,它与我们每个人的生活息息相关,了解当下经济所处的阶段,以及大致运行规律,有助于我们客观看待这个世界和资本市场。经济周期很像一个复杂的自循环系统,会受很多因素的影响,以下我以简易的视角来解释一轮完整的经济周期过程(见图2-1)。

图2-1 经济周期的各个阶段

一、 繁荣期

经济的增长正是源于人们对美好生活的向往。当越来越多的人对未来充满了乐观,倾向于用负债(未来的收入)去提前消费时,就会提升全社会的购买力,随之而来的是企业也扩大生产并负债经营。资本市场在看到企业利润的增长之后追加投入,金融机构也开始加速扩张并提供更多的资金。当资产的价格涨幅远远超过相对低廉的利率时，会进一步激发企业和民众对于贷款投资和消费的需求。在这些联动的贷款意愿促使下，经济形势一片大好，形成了一个看似永不会止步的正向循环。

二、衰退期

任何事物都不可能朝一个方向永远走下去，依靠信用创造的泡沫，终究是要破灭的。当信贷扩张到一定程度后，总会走到全社会再也无力承担债务的时候。与此同时，严重的资产泡沫会导致水位溢出并传导至生活必需品，底层民众难以承受高企的物价，影响社会的稳定，信贷紧缩政策随之而来。随着群体性贷款意愿的降低，市场上的货币逐渐减少，货币价值随之上升（通货紧缩）。经济进入下行周期，之前的一切都发生了逆转。消费者开始紧缩自己的开支，房产和汽车等大宗消费意愿降低，装修、家电以及各类商品的消费支出都会减少，进而继续缩减各项非生活必需的开支波及第三产业。

三、萧条期

随之而来的是资产的价格开始下跌，投资者和债权方担心经济衰退过程中自己持有的抵押物会变得更加廉价，继续在市场中抛售资产，进一步压低了资产价格，并增加了债务违约的风险。总有一部分资产会下跌到债务无法偿还的地步，最终大量企业破产倒闭，失业率激增。漫长的萧条是经济衰退的升级版，将时刻威胁着我们的财产安全和工作的稳定性，对于普通民众来说会更加难熬。企业产能过剩，投资意愿降低，穷人数量激增，经济将步入了一个看似没有希望的恶性循环。

四、 复苏期

随着经济形势的进一步下滑，企业经营活动停滞，大量的失业人口也在影响着社会的稳定。这时候，政府主导的调控接踵而至，比如会通过放松信贷、调低利率等货币宽松政策来刺激生产和投资。面对突如其来的大把金钱，全社会开始逐步恢复生产和投资，大众的消费和投资信心得到了进一步提振，人们终于迎来了久违的经济复苏，一轮完整的周期自此完成。

著名经济学家凯恩斯认为，对商品总需求的减少是经济衰退的主要原因。就是这么简单！

从来没有无缘无故多出来的钱，每个阶段勉强维持的平衡，早晚都会被打破。由于信贷扩张产生的资产泡沫，迟早会在通货紧缩的作用下逐步减少，甚至消失。而那些在通胀周期欠下高额债务的人，最终偿债会变得非常困难，只有在其中一部分人破产清算，或者债务违约之后，经济才能得到复苏。

按照西方的经济学理论，经济周期可以大致分为四种：平均持续 4~5 年的商品库存周期，平均持续 9~10 年的资本周期，平均持续 18~20 年的房地产周期，以及间隔 50~60 年之久的康德拉季耶夫周期（时代周期）。康德拉季耶夫周期大约包括了 3 个房地产周期、6 个资本中周期和 18 个存货短周期，它们之间会互相影响、互相制约。个人投资者通常也就是去把握前三个时长相对比较短的周期。在整个周期过程中，市场投资偏好的变化可能进一步助推周期的强度，但始终走不出这个循环，不了解经济规律的投资者必将重蹈覆辙。

那为什么我们知道了这么多，经济周期还是会周而复始地发生呢？经济不过是由众多交易促成的，人类的经济活动已持续了几千年，贪婪和恐惧始终具有强大的推动力，人们供需关系的两极变化会驱动资产价格往极不合理的一端推进，类似一个运动中的钟摆，最终促成了经济周期。现代经济制度和人性的弱点，注定这一切无法避免。

著有《逃不开的经济周期》的作者拉斯·特维德（Lars Tvede）曾讲过一个"番茄酱效应"，当你持续拍打番茄酱的瓶子时，往往倒不出酱汁来，最后那下用力一猛却又突然会倒出好大一坨，远远超出了你的需要，这和经济的不稳定如出一辙。而正因为群体心理预期的不可预测性，使得我们对于经济周期各节点的精准预测也会非常困难，政府的宏观调控自然无法阻挡周期的运行规律，最多只能缓解周期的震荡幅度，给大家尽量减少一些痛苦罢了。如果我们把经济周期的更迭当成如同四季更迭那样似上天的旨意，就会更平静地看待这个过程。

第六节　周期晴雨表：主要经济指标

绝大多数普通的工薪族，每月按时领取相对固定的工资性收入，对于经济周期或许并不会那么敏感。其实经济周期的变化在很多经济指标中都有所体现，虽说我们很难通过这些指标去精确地预测经济拐点，但仍可以帮助个人投资者解读当前的金融环境，并据此做出更合理的投资决策。最终在不断循环的经济周期中，保护好自己的资产。

PMI指数（Purchasing Managers´Index）即采购经理指数。按照国际通用的做法，由新订单指数、生产指数、从业人员指数、供应商配送时间指数、主要原材料库存指数五项加权而成。PMI作为涵盖了生产与流通、制造业与非制造业等领域的综合性经济监测指标，与经济走向息息相关，因而也有"信心指数"之称。通常将PMI指数50作为荣枯分界线（经济强弱的分界点）来观察，PMI指数高于50时说明经济正在前进（扩张期），当指数低于50则说明经济正在衰退，数值越小则衰退得越快，甚至有经济萧条的忧虑。

市场利率（Market Rate）代表了资金的使用成本。当市场利率走低时，意味着公司可以更低的融资成本借贷，理论上会因此直接提升企业利润。与此同时，市场上的资金也会因为利率下降，减少了投资固定收益类产品的热情，转而关注此时已更具吸引力的股票市场。通常市场利率高时，信贷需求会降低，压制了资产价格；反之，市场利率降低，则信贷需求会激增，催生了资产泡沫，这是一个很容易理解的跷跷板现象。几乎所有的国家都会把基准利率当成一种宏观经济调控的工具来使用，利率变动的趋势也成为投资者必须关注的风向标。

长期国债利率作为无风险收益率，基本可以当成本国资产定价的基础，很多专业的投资者都会参照5年、10年期国债利率来评估投资的标准。比如，当长期国债利率为4%时，那么股票市场的估值合理上限可按4%的倒数，即25倍市盈率的标准去判断投资价值。而当年更为保守的格雷厄姆曾长期以美国国债收益率的2倍去选择股票，在市场利率为4%的情况下，股票盈利收益率的倒数为 1/（4%×2）=12.5，即此时格雷厄姆会把价值标准设在 12.5 倍市盈率。不仅是股票市场，包括期货市场、房地产市场等风险资产的价格，也都会间接取决于当前的无风险收益率水平。

广义货币（M2），即狭义货币（M1）加上商业银行定期存款、证券账户保证金等准货币的总和。由于这些准货币一般都可以提前转化成实际购买力，所以我们把 M2 定义为更真实的货币，能够更全面地反映货币流通状况。中央银行正在进行货币宽松去刺激经济，还是收紧银根以控制通胀，都会真实地反映在 M2 数据上。另外按照货币数量理论，广义货币（M2）增长率 = GDP 增长率 + CPI 增长率 + 资产价格增长率，也可以根据 M2 的中期趋势去预判资产价格的走势。

有关于通货膨胀的具体指标，主要有 PPI、CPI 以及核心 CPI（Core CPI，剔除受季节因素影响较大的产品价格）。作为体现物价波动水平的经济指标，CPI 反映的是物价变化对居民生活的影响，而 PPI 的优势在于反映了实体经济在生产领域和商品流通过程初期的价格变动，因而对经济周期的变化更为敏感。

资本市场价格在强劲的经济上升周期，都会逐步形成严重的资产泡沫和通货膨胀。当房产价格和股票指数出现快速上行时，投资者的信心会显著提升，将更多的资金投入到这些资本市场中。在盈利越来越可观之后，越来越多的投资者会向周围的人炫耀收益，此时手中尚有闲置资金的人便会继续参与进来，直至新入资金逐渐枯竭，资产价格和经济发展双双见顶。因此楼市、股市等资本市场的价格反映了投资者的信心，也能当成一个经济走势的辅助风向标来观察。

可供投资者参考的经济指标还有很多，例如失业率、基建及房地产新开工数量、固定资产投资规模、社会消费品零售总额、储蓄率水平等。有些经济指标是先行指标，可以据此预测经济的变化，比如 PMI、M2、股票市场行情等；有些则是滞后指标，用以验证趋势形成后的市场变化，比如 CPI、GDP 等。另外，有必要提醒各位读者，任何经济指数都可能产生阶段性的失真，比如我国每年头两个月的经济数据会因为春节长假因素而出现偏差，再或者某些领域会临时采取减少供应，甚至限购的方式去施行调控，也会致使该类资产的价格指数阶段性失真，我们切莫过于依赖单一的指标，应该综合地去分析判断。

各位读者千万别误以为可以借此就能预判本轮周期的强度、时长，甚至于短期的价格走势。**资本市场和经济虽然具有相似的周期性，但除了潮起潮落的共性，两者很少会保持完全的一致性，每一轮周期都将是独一无二的。当前的经济指标只会告诉你，我们现在正身处何处，未来又会往哪里去。**

第七节 市场估值的定义与应用

19 世纪英国作家奥斯卡·王尔德（Oscar Wilde），曾定义愤世嫉俗者是"对所有东西的价格了如指掌，却对其价值一无所知的人"。

资本市场中的绝大多数参与者又何尝不是呢？大家沉迷于每天股价的变化，抱怨这抱怨那的，却甚少关心所持资产的内在价值。当几乎所有人都对股票异常兴奋的时候，市场中就会随处可见市盈率超过 100 倍，甚至 200 倍的股票，其意味着假设这些企业维持现在的业绩，回收这笔资金至少需要 100 年时间，除非下一个接力者愿意以更高的价格买走你的筹码。显然这变成了一个类似击鼓传花的游戏，唯有通过与市场中其他参与者的博弈来赚取利润了。

各位读者是否想过，如果有人想花钱买下你的工作机会（事业），那么现在这份工作究竟该值多少钱呢？这需要综合考量你目前的年龄（机会成本）、工资性收入、职场前景、工作强度、工作氛围、通勤时间、隐形福利等各项因素，对于普通工薪族而言，这就是最直观的估值体系。如果不懂得估值，那么在你眼中就只有好与坏之分，没有"性价比"这个概念了。

不论是哪一类资产，在处于商业周期下的不同阶段，市场同样也会给予不同的价格，即估值差异。价格几乎永远不会等同于实际价值，不是偏高了就是偏低了，投资者的情绪也会受到经济周期的影响，进一步放大市场的波动。个人投资者了解估值的意义，并不是为了去更精准预判市场短期走势，而在于会给你提供了一个可以大致参考的价值之锚，清楚我们现在正处于什么位置，这样你的情绪就不再轻易地随着股价的起伏而随波逐流，也不会再盲目地做选择了。

众所周知，"买入并长期持有"（Buy and Hold Strategy）的指数策略，就是一种非常简洁的盈利方式，但它的前提同样是：**不能买得太贵！**如果不巧的是，你在 2007 年或 2015 年 A 股大牛市的顶部时才认识到这一点，那么投资回报显然会比较糟糕。

市场估值决定了价格的下限，市场情绪决定了价格的上限。在资本市场整体低估的时候，去更多买入；而在明显高估的时候，适当卖出或减仓，这些都是你长期大概率跑赢市场平均水平的一种方式。我们选择长期资产的首要工作，应该始于对估值的判断。

一、 常用的估值方法

关于资产的估值方法，具体分为两大类。一类是绝对估值法（又称贴现法），1896年经济学家欧文·费雪（Irving Fisher，1867–1947）率先提出了资产的价值等于未来现金流贴现值之和的思想，在这个理论基础上衍生出了DCF现金流折现模型（Discounted Cashflow Model）、DDM股息贴现模型（Dividend Discount Model）等一系列有关如何通过公司的经营历史和现有基本面数据，去推算出上市公司股票内在价值的方法。

我们把钱存在银行做最安全的定期储蓄，或购买国债，这就是大家所理解的"无风险收益率"，即几乎不用承担任何风险和市值波动，就能得到的回报率，这也是大众最容易了解的数据。而商业行为的风险投资，就应该设定超过无风险收益率的投资预期，贴现率即"市场风险溢价"。贴现率（%）＝无风险收益率（%）＋商业行为风险溢价（%）。

假设，你现在正计划收购一家年净利润100万元的企业，那么它到底值多少钱呢？绝对估值法就可以把这家公司未来的盈利，去扣除当前折现后的总额，估算出公司的内在价值。由于绝对估值法必须精确地预判公司在未来5年，甚至10年以上的自由现金流、资本支出、贴现率和增长率等参数，每个投资者对于盈利的预测和对贴现率的定义都会千差万别。例如，即便在股票价格非常离谱的时候，只要你给企业的未来，预期一个过于乐观的增长率，那么很可能无论价格多贵都是值得买的。因此这种方式的不确定性和主观性都非常强，更似一种估值模型方法论，对于普通的个人投资者而言实用性不佳。

另一类是相对估值法，例如，市盈率（PE）、市净率（PB）、市销率（PS）、PEG等大家耳熟能详的估值指标。除了简单易懂的优势之外，相对估值法并不局限于具体个股的价值分析，投资者还可以把它广泛地应用到整个股票市场、行业板块，甚至资产配置领域的其他大类资产中。以下，笔者列举一些在投资中比较常用的相对估值方法（见图2-2）。

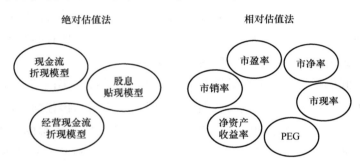

图2-2　相对估值法和绝对估值法

1. 市盈率

市盈率（Price Earnings Ratio，简称PE），即公司当前总市值除以全年的总净利润，也称为"本益比"，可以用股票价格除以每股收益得出。市盈率反映了在每股盈利不变的情况下，假如股息全部派发，那么经过多少年这笔投资可以通过股息去全部收回。市盈率是投资者必须掌握的一个重要财务指标，有助于投资者去快捷衡量标的高估与否。通常情况下，市盈率越低表明投资回收的周期越短，投资风险相对较小，投资价值相应越大；反之则结论相反。

市盈率也可以作为衡量市场预期的一项指标。假设 A 公司最近一年的盈利是每股 1 元，现正在按每股 15 元的价格交易，那么市盈率就是 15 倍，而 B 公司此时的市盈率是 30 倍，显然当下市场资金更看好 B 公司的发展前景。

我们通常所说的市盈率是指静态市盈率，即以当前总市值除以上一年度的总净利润，由于采用了去年的年报业绩数据，会有一定的滞后性。滚动市盈率（TTM），即当前的总市值除以之前四个季度的总净利润；动态市盈率，即当前的总市值除以预测的本年度总净利润。**这三种市盈率分别代表了过去、现在和未来，于是也适用于不同商业模式下的企业价值分析，比如业绩比较平稳的公司可直接使用静态市盈率，而季节周期性强或者高速增长期的公司，可以更多地参考动态市盈率或滚动市盈率。**

2. 市净率

市净率（Price-to-Book Ratio，简称 PB），即每股股价与每股净资产的比率，是仅次于市盈率（PE）的价值衡量标准。有形的固定资产和无形资产（专利、商誉、商标权、知识产权等）在剔除了债务之后，就是公司的净资产。通常情况下，市净率越低表明相对于资产净值溢价越少，万一公司在面临破产清算时可以收回更多成本，所以投资风险相对较小，投资价值相应越大；反之则结论相反。但在判断投资价值时我们还要结合当下的市场环境，以及公司的盈利能力和行业空间等因素，切勿把市净率（PB）当成衡量价值的唯一标准。

目前，全球最大的非酒精饮料公司可口可乐（KO）就一直是轻资产的运营模式,公司的主要价值在于品牌和神秘配方,跨地区扩张时更多会采用特许经营的模式,并不需要自己到处建厂进行大规模的生产和罐装,也就没有那么多的固定资产,持续稳定的盈利就能使公司股价长期维持在 10 倍 PB 以上。而有些经营已经陷入困境的重资产企业,或许大部分账面资产只是一堆半停产状态的破铜烂铁,每年还在不断进行折旧。所以对于不同行业的公司来说,市净率越低就越安全的说法不一定准确。

我们可以把市价低于净资产的股票(市净率小于 1.0),理解成烟蒂股的一个标志。通常此类破净股是正被市场资金认为资产质量较差,或者的确是没有发展前景的企业,当然这有可能是所谓的"价值陷阱"。**但在通胀预期下,建起同样一个类似的投资项目,重置费用恐怕不仅仅是这些账面上的净资产,有些破净股也存在被市场错估价值的可能,或许是个潜在的投资机会。**

3. 股息率

股息率(Dividend Yield Ratio),即公司一年的每股总派息金额与每股股价的比率。在所有的价值指标中,最可信的就是公司支付的股息。如果在一家上市公司经营稳健、盈利稳步增长的同时,每年还能固定派发股息,那么自然就是一家值得信赖的公司。同样的道理,假设你投资某个商业地产,或者合伙参股了某个实业项目,之后是否可以稳定持续回收资金也是一项值得参考的可信度指标,至少能让你的这笔投资离投机更远一些,任何一个成熟理性的投资者都应该很清楚现金流的意义。

当你买入一只股票之后,总希望以更高的价格卖出以获取差价,但在经历了无数次失败之后,才发现这是一个并不怎么确定的事情。而如果公司能把每年利润中的一部分拿出来派发股息，真金白银的回款是最实在的。也许有读者又会思考到，派息后的股价也会除权，那有什么意义呢？**其实，从长期来看，股息率正是企业在通过经营实现盈利的最有效证据，这并非可以通过虚假的账面价值就能搞定的。和之前的市盈率（PE）和市净率（PB）相比，真实到账的股息不会说谎，投资确定性也会更高。**除此之外，公司步入成熟期之后经营也应该存在天花板，此时可以通过派息的方式去继续维持较高的净资产收益率（ROE），与此同时把这部分利润的再支配权交还给中小股东，你可以用来改善生活、分红再投，或者改投其他公司，使投资者拥有了更多的选择权。

长期投资总回报＝资本收益＋股息收益，股息既是安全垫，又是进攻的加速器。定期发放高股息的低估值公司，本身就像一张优质的高收益债券。如果企业未来的利润增长好于市场的预期，意味着股价正在被低估，那么分红再投资能让你购买到更多的股份。熊市是大多数投资者难以忍受的，此时却成为分红再投、高股息资产的最佳时段，只要投资者耐心等到公司股价的估值修复，那么必将获得远高于市场平均的收益率。**但需要强调的是，处于强周期行业的公司在商业周期的不同阶段有可能无法保障经营的持续性，股息也会很不稳定。因此如果单看某家公司最近一两年的股息率，就去判断其投资价值是很有局限性的。**

如果专研于价值投资，那么另一个指标同样值得关注：股息支付率（Dividend Payout Ratio），又称股息发放率，即向股东派发的股息占公司盈利的百分比。比如，某公司每股净收益为 2 元，同期每股派发 0.8 元，那么股息支付率就是 40%。股息是从企业每年创造的利润中派发出来的，若进行全额派发，企业怕是没有结余的资金用于扩张，因此这也是关注企业是否还具备成长性的一项参考指标。当然最理想的状态是，高 ROE 的成长型企业，在未足额派发利润的前提下（股息支付率<30%），仍能为股东带来足够高的股息率，做到高增长和现金回报两不误。

通常我们判定股息率的高低，可以锚定 10 年期国债的收益率来做对比。成熟期的大型公司，其股息率也许会大幅超过国债收益率；而正在高速成长的公司，每年能有 1.5%～2.0% 的股息率就已经非常高了。不过凡事都有两面性，高股息率也大概意味着企业已不再具备高速成长的潜力，那些高科技股的分红就一向很少，比如阿里巴巴、谷歌、亚马逊这些公司就几乎都没有派过息。**所以不要绝对以股息率去直接判断一家公司的贵贱程度，它只是衡量投资体系是否足够安全的一项辅助指标。**

4. 净资产收益率

净资产收益率（Return On Equity，简称 ROE），即公司净利润与净资产的比率，或理解成股东权益回报率。净资产收益率作为衡量股东资金使用效率的重要财务指标，可以帮助我们分析公司的盈利能力。**从过去几十年的历史经验来看，如果一家公司的净资产收益率能够持续数年保持在 15%，甚至 20% 以上，那么就基本可以定义它是一家比较卓越的绩优公司了。**

展开讨论之前，不得不提及另外一项指标：资产收益率（Return On Assets，简称 ROA），即公司净利润与总资产的比率。通常理解，好的生意会对应较高的净利润率，这需要企业具备足够强的品牌价值、技术壁垒，或牌照垄断等独特性优势。除此之外，另有一部分并不具备这些优势的企业，会在经营中通过增加负债的方式去放大杠杆，实现更高的收益率，光看 ROE 或许仍旧无从得知该公司到底是很会赚钱，还只是很会借钱，负债过多之下的高 ROE 会增加企业的财务风险，也可能影响到盈利的稳定性。

净资产收益率（ROE）= 资产收益率（ROA）× 财务杠杆比率

ROA 和 ROE 的主要区别在于，ROA 是以总资产（总资产 = 净资产 + 负债）作为基数去衡量盈利水平，可更真实地反映企业创造价值的能力。**假如一家企业能够实现稳定且较高的 ROA，还能继续使用适当的负债去进一步提升 ROE，这种经营方式应该是投资者理想中的好生意。**

如果说根据低 PB 去选股是在比烂（谁更便宜），那么高 ROE 策略就是在比谁的生意更好了。于是也有很多投资者会认为，根据 ROE 的高低去选出一家好公司就等于投资的全部，却忽略了当前的价格是否过分透支了未来，这同样很容易陷入"增长率陷阱"。投资最终还是要看安全边际的，如果某家公司非常优秀，但价格却已经严重泡沫化，最终很可能不是一笔好的投资，即我们常说的"好公司不一定就是好股票"。

正如西格尔教授在《投资者的未来》中所述：**最佳的长期标的，不一定非得是最优秀，或增长率确定的标的，而应该是快速成长，但定价相对于增长率仍比较合理的公司。股票的长期收益也并不依赖于实际的利润增长情况，而是取决于实际的利润增长与投资者预期的利润增长之间存在的差异。**

二、估值工具的应用和误区

我们在投资过程中，股价或在个别的交易日出现 5%，甚至

10%以上的涨跌，显然在这么短的时间里，企业的价值并没有发生如此大的变动。借用投资大师本杰明·格雷厄姆的比喻："市场先生"是一位情绪不稳定的狂人，在他情绪好的时候，他给出的价格会比企业的实际价值高很多；而情绪低落的时候，又会给出极低的价格。那么究竟如何判断资产的真实估值水平呢？虽然已经有了那么多的估值指标，但评估资产价值依然不是那么容易，这最终取决于你对于"贵贱"的理解。

我至今仍清楚地记得2007年大牛市时，上证指数对应的市盈率已经超过了60倍，但财经媒体的股评家们给出以下分析：如果按照当年上市公司的业绩增速，未来两年内就可以把上证指数的动态市盈率摊低到35倍，之后还会更低，得出最终的结论是：此时上证指数6000点非常合理，甚至还是偏低估的。众所周知，短短一年之后上证指数最低下探至1664点。财经频道特邀的专家当然知道如何给市场估值，但这次他们显然是误用了。

大多数投资者习惯于使用锚定法，即拿现价和过去一段时间的价格对比。比如在日常生活中，超市某品牌的速冻食品此前一直按每袋30元销售，乏人问津，某天商家突然进行五折大促销，大家马上会觉得这就是"便宜"。过几天之后促销活动改成七折，大多数在先前的促销中购买过该商品的顾客又会觉得"贵"了，这就是典型的锚定现象。

大家在贪便宜的时候，常常会用错地方。这也是为什么很多被游资爆炒过数倍的股票，在快速下跌20%~30%后，马上就会引来一众中小投资者"抄底"，并没有多少接盘者真正去关心它价值几何，只是觉得股价相比最高点已经打了七折或八折，应该就是"便宜"的吧。假设即便不是去对比绝对的价格，而是参考相对估值指标时，投资者也同样容易犯类似的错误。同一家公司现在的股价对应了20倍市盈率，是不是就一定比先前40倍市盈率时更值得投资呢？显然，我们无法得出肯定的结论。

下列两类投资思路，您会更偏向哪一种？

A：低估值是最好的护城河，也是最好的买入理由。

B：投资高速成长的公司，必须学会容忍高估值。如果只盯着估值，那么亚马逊、恒瑞、腾讯这些伟大的企业，永远都不会进入你的投资组合。

通常可以把投资风格大致分为两种：价值和成长。价值投资，即寻找并投资一些股价被低估了的公司，低估值确保了投资的安全性，即便经历下跌也能使投资者在一个可以承受的幅度内，最终公司的内在价值迟早会让股价回归，低估值策略以格雷厄姆、约翰·聂夫、沃尔特·施洛斯等人为代表。而投资成长股，则寄希望于以不太贵的价格买入真正优秀的公司，并陪伴它经历一段辉煌的成长期。这种方式以菲利普·费雪、彼得·林奇为代表。

不论是以非常便宜的价格买入成熟公司，还是以合理的价格买入卓越公司，两种投资方式都可以实现远超市场的投资收益。看似完全不同的选股路径，对于估值也有着不同的理解，但很多的成功投资正是源于两者的融会贯通，比如，费雪的在选股过程中也会参考格雷厄姆的标准，而巴菲特也曾说过他的投资哲学85%来自格雷厄姆，15%来自于费雪。

我们谈及公司的估值，有必要先了解企业当前所处的生命周期。这个理论最先源于企业生命周期理论创立者伊查克·爱迪思（Ichak Adizes），他用20多年的时间研究企业如何发展、老化和衰亡。在他所著的《企业生命周期》一书中，把企业生命周期分为 10 个阶段（见图 2-3）：孕育期、婴儿期、学步期、青春期、盛年期、稳定期、贵族期、官僚化早期、官僚期和死亡。企业所处于不同的行业，也会经历不同跨度的生命周期，比如互联网兴起之后产生了很多新兴行业，这其中企业的崛起和衰落都会比传统行业快得多。

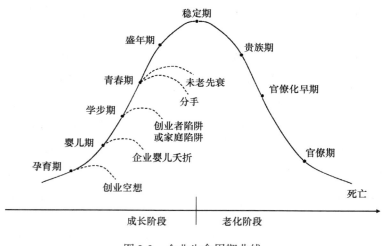

图 2-3　企业生命周期曲线

天使投资（Angel Investment，简称 AI）、风险投资（Venture Capital，简称 VC）、私募股权投资（Private Equity，简称 PE）通常会在企业处于青春期之前介入，并在企业逐步迈入成熟之前，争取主板 IPO 上市的机会。据美国《财富》杂志报道，美国大约 62% 的企业寿命不超过 5 年，即便世界 500 强企业的平均寿命也不过是 40～42 年。对于发展到不同阶段的公司，我们都要以企业生命周期曲线去解读它的未来，任何资产都会在每个不同的发展阶段给予其相应的预期（估值）。

大导演李安在成名之前曾经赋闲在家六年，假如此时他的人生能够估值的话，那么到底可以值多少倍市盈率呢？如果你仅仅根据市盈率一个指标去选股，那么肯定也会错失很多超级牛股，甚至会陷入"价值陷阱"。高分红和高派息，就一定好吗？主营业务正在经历快速滑坡的公司，或者垃圾级债券，都有可能在当年仍旧提供给投资者超高的股息率和利率水平。各行各业的商业模式不尽相同，可见就估值指标而言，要是我们只看其中的一项是没有多大意义的。

为了弥补 PE 对成长性的估计不足以及 ROE 未考虑估值的局限性，投资家吉姆·德里克·斯莱特（Jim Derrick Slater）发明了另一项实用的投资指标：PEG，即市盈率相对盈利增长比率，PEG = 市盈率（PE）/ 收益率（G）。通常 PEG 小于 0.5 会被认为价值相对低估，PEG 在 0.5~1.0 之间则相对合理，PEG 在 1.0~2.0 之间则相对高估，PEG 大于 2 则处于非常高估的区域。不过在绝大多数情况下，市场中 PEG 低于 1.0，甚至 0.7 的优质公司都难以寻觅，更别说凑出一个足够分散的 PEG 投资组合了。这种估值法的初衷是帮助投资者选出那些市盈率合理，同时盈利增速较快的公司，以及如何更好地判断一家公司，尤其是成长型公司的投资价值。但 PEG 依然不适用于那些利润变动幅度较大，或由于并购重组等原因造成收益率阶段性失真的公司。

有着"低市盈率猎手"之称的逆向投资大师约翰·聂夫（John Neff），在执掌温莎基金 30 多年时间里总投资回报高达 56 倍，年均跑赢标普 500 指数 3.5 个百分点。聂夫曾把他的投资风格归结为下几点：低市盈率、业绩增长率超过 7%、派息稳定，总回报率相对于市盈率的关系绝佳，周期性股票只选超低市盈率的、基本面稳健的公司。即以市盈率为基本的要素，同时结合股息率、增长率等其他指标去找出具备投资价值的股票，通过简单务实的量化筛选增加投资的胜率，同时低市盈率策略还相对比较安全。类似综合各项估值指标的量化选股方法，同样值得个人投资者去借鉴。

三、 估值指标在指数上的应用

通过市盈率、市净率等直观的估值指标，可以便捷衡量市场预期，但毕竟每家公司的商业模式和所处的生命周期千差万别，甚至不排除个别公司财务造假，因此若想仅仅通过这些指标就去精确判断公司的投资价值，乃至预测未来的经营状况都是非常困难的。大家对于具体某家上市公司的估值算法也很难达成什么共识，同样的价格可能你认为是高估的，而其他投资者认为是低估的。

财报以及估值指标的意义更多时候可以用来排除坏企业，但并不代表就能直接选出牛股，除了评估股票的投资价值之外，估值指标更有效的用途是用于判断市场整体，或者整个行业当下的估值水平。 比如股票市场的整体市盈率，很可能在熊市时跌到个位数，之后又在牛市的暴涨下飙升至 30～40 倍，甚至百倍以上，市净率、股息率等指标也同样有一定的历史规律可循。

全市场指标可以帮助投资者衡量当前市场的整体估值水平和最新的市场热度。如今这些常用的指数估值指标，都能在各大财经网站轻易找到，如果你能把这些综合指标合理运用到实战过程中，例如把手中更多的仓位分散布局在自己更有把握、估值更合理的行业板块和大类资产，长期能大幅提高投资的成功率，也肯定会比大多数投资者做得更好。

四、估值百分位的局限性

估值百分位，即某项资产当前的估值数据，处于它历史数据中百分之多少的位置。比如某个指数过去一年的历史市盈率数据在 10~40 倍之间来回波动，假设当前已跌至 10 倍市盈率甚至更低时，那么它正处于 0% 的位置；与此相反，如果当前已涨至 40 倍市盈率甚至更高时，那么它正处于 100% 的位置。**估值百分位，归根结底是一种择时策略，低分位买入、高分位卖出看似的确具有较大的胜算，这种判断方式也是我的投资体系中的一部分。**

均值回归指的是股票价格（估值）在远离价值中枢之后，都会有很高的概率向价值中枢回归的趋势。毕竟周期轮回、盛极而衰是非常普遍的现象，这个理论认定了任何事物都不可能朝一个方向永远持续下去，资产的价格也迟早会经历价值回归，涨多了会跌回去，跌多了也会再涨回去。通常来说，一个成熟市场的指数估值的确会在一定范围内来回波动，在估值处于历史百分位数据比较低的位置时买入，会有更大的概率向中枢回归，待底部反弹后，估值修复至市场平均值甚至更高时，这笔投资就能实现超越市场平均的收益。

我们不妨来做一道试题：现统计某人 0~20 岁的身高数据，得出 20 岁之前平均每年可以长高 6 厘米的历史数值。试问在他 21 岁那年，还能长高几厘米？如果以此类推得出 6 厘米的结论，显然会很可笑。因此借鉴估值百分位去预判未来走势的方法，在投资行业和个股时很容易被误导。

投资不当韭菜，了解估值是第一步。随着近几年国内指数投资的兴起，估值百分位数据也已经开始被越来越多的投资者所关注，其优势在于可以帮助投资者用来提前规避一些系统性风险，同时降低了投资情绪受到短期价格走势的影响，这在暂时没有更多进阶方式之前的确是一种不错的选择，但其同样有局限性。根据我的投资经验，以下分享几条建议。

1. 估值百分位的时间跨度

由于国内 A 股市场很多细分板块指数的编制历史并不长，短短几年时间，甚至还没有经历两轮完整的牛熊周期，其历史百分位数据的参考价值就非常有限。那么，是不是跨度选取越长的数据实用性更佳？其实也不一定。也许某个行业在十几年前正处于鼎盛期，当时全行业综合 ROE 能达到年均 20%，甚至 25% 以上，享受了多年的高估值之后，随着近几年市场的逐渐成熟，或在政策引导下盈利逻辑也发生了改变，已经很难复制过往的高增速，可以预见未来行业的估值中枢会整体下移。如果你只是凭借过去 15 年的估值百分位去做横向对比，认定估值终将回归到 10 年前的位置，显然不切实际。**所以建议各位在使用估值百分位估值之前，最好去充分地了解一下行业历史，使用时也尽量结合多时段去做对比，方能得出更加客观的结论。**

2. 多项指标结合

通常情况下，资产的估值决定价格的下限，而市场情绪决定价格的上限。**我们可以在市场处于不同的阶段时侧重不同的估值**

数据，例如在牛市中多关注市盈率指标，了解市场情绪；而在熊市中更多的关注市净率、股息率等给予资产价格保底的价值指标；在平稳震荡周期中多关注市场利率、ROE 等未来业绩增速趋势的指标。 更何况，全市场估值指标虽然相比个股会平稳许多，但在不同的经济周期下还是会产生较大的盈利波动。仅仅依靠 PE，或者 PB 等其中的任意一项指标去做参考，仍是远远不够的。同时建议在了解估值历史百分位的同时，更要关注当前的绝对估值数据，切勿被单一的分位值去束缚。

3. 估值失真的情况

某家证券公司在熊市时股价为 4 元、每股收益为 0.05 元，此时对应 80 倍市盈率，正逐步被市场抛弃。待行情转牛之后，佣金及承销收入和自营盘利润等多点开花，短期内公司每股收益激增至 1 元，市价随之暴涨 3 倍、市盈率反而被摊低到了 12 倍，市净率、股息率、净资产收益率等指标也在相应增厚，此时反而给了投资者更值得投资的假象。由此可见，估值指标对于这些典型的强周期行业，都会有类似的相反性特征。对于这类投资标的、估值百分位恐怕反而会误导投资者。

中小型企业在发展过程中常常遇到行业发展瓶颈，因此进行合理的外延式并购在某种程度上有利于企业的发展，同时增厚公司的业绩。但在股价高估的市场泡沫期，可能会促生大量上市公司进行此类定增或并购，一方面帮助上市公司做大市场和市值规模，另一方面也虚增了公司的业绩、摊低了估值水平。甚至有个别上市公司的盈利，是依靠持续的并购来维持的。当市场中大量充斥着这种行为时（甚至是跨行业并购），那么这时候连行业指数乃至市场指数的估值数据都可能出现水分。

4. 估值回归的有效性

历史百分位估值法有效的前提，是认定同一股票或指数的 PE 或 PB 等核心估值数据，早晚都会向其历史区间的中轴作均值回归。但任何一次性的地方财政补贴、行业新规、特殊事件等，都会给公司和行业带来一笔非经常性的损益，致其短期内的估值产生剧烈波动，也给我们判断投资价值带来一定的困扰。**因此使用这种价值评估方式的有效性由高到低如下：全球市场 > 区域经济 > 行业指数 > 个股。**虽然区域经济体的估值变化，要较细分行业指数和个股的稳定性要高得多，同样会面临这样或那样的问题。毕竟业绩稳定和持续成长，本就是一对矛盾体。

很多时候，历史就是用来被打破的。资产价格可能在到达估值 100% 的位置之后，继续上涨了很多；也可能在触底 0 的位置后，又持续阴跌很长一段时间。你无法据此判断当下是否就是极限的位置，以及还要花多久才能价值回归。这项资产到底是贵还是便宜，最终取决于它未来能为你赚取多少收益。而陈列在我们面前的所有数据都只代表了过去的历史，并非未来，世上没有 100% 精确的估值分析方法，任何指标只能是辅助投资的工具，既有优势也有缺陷。

我们不要等到市场最悲观的时候，才去发现估值指标的这些问题，进而质疑先前的选择，这样反而会打乱我们的投资节奏。利用好这些工具，可以帮助我们在正确的道路上走得更远，最终实现大概率制胜的投资。

第八节　动态再平衡的核心逻辑

格雷厄姆在《聪明的投资者》一书中提到的资产组合，是最简单的50/50股债配置组合。但随着时间的推移，组合中的各类资产涨跌会表现不一，终将逐步偏离初设的目标配比。对投资组合进行再平衡，就成为资产配置过程中必不可少的一环。即当股票价格上涨导致股票资产的仓位超过了原定目标仓位（50%）时，卖掉多余部分的股票部分并买入债券；反之，当股票价格下跌导致股票资产的仓位低于目标仓位（50%）时，就卖掉多余部分债券并买入股票。定期进行动态的再平衡，将两者长期的配比维持在50/50。由于这是适量卖出超涨品种，买入超跌品种的方式，因此这是一项逆向的投资操作。

接下来我们又要说回均值回归（Mean Reversion）理论。

很多过度依赖于短期数据回测的投资者，往往会因为没有意识到均值回归的客观存在规律，屡次在某项资产价格过高的时候，去过分看高它的未来，最终因为超配昂贵的泡沫资产，经历了惨痛的失败。而动态再平衡的投资理念，还是选择认可投资组合内的各项资产早晚都会经历均值回归这个过程，那么投资者就可以利用各类资产负相关的特性、通过阶段性的动态平衡这种高抛低吸似的方式，去人为的执行这个调仓。**"均值回归"作为投资界的一条定律，也是为何要在资产配置的过程中执行动态再平衡的核心逻辑。**

如图2-4所示，以两类长期趋势向上，但在绝大部分时段走势负相关的A资产和B资产为例。将两者各按50%配置之后，该50/50组合平滑了账户的波动率，投资收益也没有因此递减。如果在此基础上，再对A、B两类资产进行定期的动态再平衡之后，那么这种一定限度内的逆向交易行为，可以帮助你实现超越市场平均的长期收益。

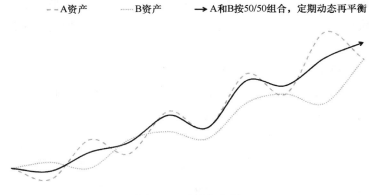

图2-4　再平衡范例

虽然再平衡的过程中会产生一定的成本，包括交易费用、税费、交易的摩擦成本等，但显然相对于没有再平衡的组合，执行动态再平衡后享有更高的收益率和更少的回撤率，这就是给投资组合执行再平衡的主要优势。此外，就组合长期的走势来看，由于这种方式降低了账户的波动性，在此过程中投资者的心理压力也会相对小很多。

威廉·伯恩斯坦在一项研究中发现，分散化和再平衡都可以为投资者增厚回报率，这块超额收益每年接近0.5%。不同资产之间的相关性越大，最终多元化投资带来的优势也会越明显。尤其在大家认可长期投资才能带来更高的收益时，你所承担的风险是会得到回报的，而且很多风险也会在长期持有各类波动迥异的资产中逐渐消除。

当然，图 2-4 中也只是一个非常理想化的负相关资产配置模型，在现实生活中我们很难找到如此完美的、几乎 100% 负相关的投资组合。在全球经济一体化的背景下，很多大类资产的相关性也比以前要增加，比如在 2020 年全球新冠肺炎疫情暴发之初的几周内，就曾出现过除了现金类资产，其他大多数大类资产都在短时期内同时暴跌的情况。但从长期来看，再平衡的原理依然是值得信赖的，我们可以把它应用到很多场合中。

1985 年，理查德·塞勒（Richard Thaler）和沃纳·德邦特（Werner DeBondt）在论文"股市是否反应过度"中，提出了行为金融学最重要的发现之一：以 3~5 年为一个周期，一般而言，原来表现不佳的股票开始摆脱困境，而原来的赢家股票则开始走下坡路，均值回归原理无处不在。这也说明即便在同一个股票市场中，我们照样能找到很多弱相关的投资品种，动态再平衡这种方法不仅仅适用配置不同的大类资产，同样可以应用在构建不同风格的股票组合。

但需要注意的是，有些投资者会把手里的资金一拆为二，分别买入两家不同的上市公司，此后再根据它们的股价表现去做个股间的仓位再平衡。这种只配置少数几家公司，然后去做动态再平衡的做法，对于投资者来说有可能是万丈深渊。 在投资的过程中，我们很难保证一家上市公司的经营是否会永续下去，甚至无法排除它濒临退市的可能。如果长期执行这种减持超涨个股，追加超跌个股的做法，那么投资的时间越久，你的资金就越有可能被一次无法预料的"黑天鹅"事件吞噬，一损俱损。我们永远不要把自己的财富命运交到少数几家企业手中。

再平衡的前提必须建立在配置长期不会死的品种之上。我们在同一个资本市场中做再平衡时，也要兼顾到所投品种的持续性，比如中国 A 股市场的沪深 300 和中证 500 指数组合、美股市场的标普 500 和纳指 100 指数组合，或者自建足够分散的价值股和成长股组合，这些都是可以永续下去的再平衡组合。

对于普通的个人投资者来说，资产配置不妨先从最基础的股票和债券资产开始，通过定期的动态再平衡这两类资产中获益。股债平衡策略虽然简单，时至今日却仍然有效。之后再逐步延展到股票、债券、黄金、现金四类资产，最终涉及更多的大类资产。 对于一个尚在原始积累期的投资组合来说，由于期间持续还有现金流入，你只需把新入资金少量打给当期的弱势品种，初期无须执行卖出操作就可以满足计划的组合权重要求，执行动态再平衡的成本会更低。

动态再平衡并没有什么复杂的，但最关键的还是每次都必须适量卖出在上一个周期中表现最优异的资产，去贴补持续低迷的资产，这完全是一种反人性的逆向操作，所以更需要投资者持之以恒。**在对投资组合执行了资产配置和动态平衡之后，甚至可以不需要牛市，仅仅依靠市场的情绪起伏，使所持有的资产价格之间周期性的反向窄幅波动，就能帮助你实现长期的正收益。在这个基础上进行个性化的资产配置之后，能够给你实现长期稳健的财富增值。** 投资路上确实有很多诱惑，不时有专家给你建议，哪些热门行业才是收益最高的，哪类资产在当下才是更好的配置，我称之为"市场的噪声"。这也是为何理解资产配置和动态平衡的投资者很多，但真正能长期执行下去，最终领到这份犒赏的人却少之又少的主要原因。

第三章 资产配置工具

第一节 如何定义财富

《现代经济词典》中对财富的定义是:"任何有市场价值,并且可用来交换货币或商品的东西都可被看作是财富。它包括实物和实物资产、金融资产,以及可以产生收入的个人技能。当这些东西可以在市场上换取商品或货币时,它们被认为是财富。因此,财富可分成最主要的两种类型:有形财富,特指资本或非人力财富;无形财富,即人力资本。"

一、有形的财富:资本

正因地球上物产资源的多样性,每个人也各有不同的技能,货币的诞生为社会的发展提供了便捷,使整个市场的经济运行成为可能。货币于是成为关于财富最有效沟通的概念,也是彼此可以通过语言直接衡量购买力的计算单位。久而久之,人们不再需要去即时地以物换物,而是把物品和劳动力换成货币暂时储存起来,货币最终成为一种间接传承财富的载体,所有商品的价值都能够去用货币来表达,于是现代社会中绝大多数人的价值理念即"金钱=财富"。

古时候,普通民众如何定义财富?我国在长期封建社会下的金融货币制度是银本位,银锭或银圆自然成为财富的象征,直到1935年11月国民政府实行法币改革时废除了银本位。而全球货币制度,也随着1973年布雷顿森林体系的瓦解,逐步告别了延续数千年的黄金本位制。金价在之后的20多年时间里,自1980

年的高点开始漫漫阴跌，最终跌至1999年最低时的252美元/盎司，黄金已彻底从全球货币体系中被慢慢淡忘，大家衡量财富的标准已习惯性地被所在国家发行的货币锚定。尤其老一辈们，他们经历过长期低工资和物资匮乏的年代，会更自然地把货币当成是储存财富的一种主要方式。

在当今全球"纸币本位"的体系下，钱只是政府的信用凭证。一旦发行货币的政府失去了信用，那么在恶性通货膨胀下，纸币的价值会迅速趋于零。美元作为最近100年里大家心目中的"硬通货"，经历过第二次世界大战和数次经济危机的洗礼，但自从布雷顿森林体系彻底崩溃之后，美元彻底摆脱了金本位制，自1933年后美元与黄金的那种联系已不复存在。此后在伊朗石油危机的冲击下，美国也同样经历了经济停滞与通货膨胀，1971年金本位制结束之后美元对黄金的贬值已超过了90%。近几年很多国家也在寻找替代美元的国际货币，已强势近百年的美元随时可能走到尽头。**因此，把时间跨度拉长来看，所有纸币都会经历贬值，我们很有必要把货币等同于财富的传统观念摒弃掉。**

不同的财富观，决定了不同的人生。

很多人完全无法承受自己的资产受到任何一点点的波动，因而甘愿把手中所有的资金长期储蓄在低息存款或者理财中方能睡得踏实。还有很多热衷于短线交易的投资者，常常不论买入什么品种都会在浮盈5%或10%时就匆忙地卖出变现，然后再选择下一个交易品种，总觉得如此循环不息的交易才是在赚钱，直到被套后才不再卖出。以上这几类投资者的内心深处，显然都把"现金"定义成财富的准绳，非要在完成一系列的买入卖出交易后，才会觉得这笔利润真正属于自己，这是很典型的"现金思维"。

如果始终抱着这样的认知去做投资，那么浮盈浮亏、止盈止损等概念会随时蛊惑你去做交易，除非能切换回企业思维，或者资本思维，否则你将长期深陷在市值波动的痛苦之中，距离真正的投资渐行渐远。资本市场的确会以各种不同的方式和偶发事件，去刺激投资者进行冲动性的交易。**为了避免在市场大起大落的时候，自己的投资行为被贪婪和恐惧随意支配，建议大家去更宽泛地理解有形财富，即资本的定义，而不仅仅被货币单位上的数字变动所束缚。** 货币对应的是国家信用，而资本对应的是实业资本。处于资本思维下的投资，能帮助你充分理解资产的短期表现及市值波动都是一些再正常不过的市场现象。

投资的正道，更在意的应该就是手中所持的企业是否仍然优质，所持的地产是否仍具吸引力，以及这些资产是否已经足够分散到能在实现长期保值增值的同时，还能为自己带来稳定持续的现金流。

个人投资者可以把有形的财富大致分成以下两类：

相对安全类：比如自住的房产、政府债券、保险存单、黄金、现金类资产等。特点是本金保障相对安全，违约风险较低，相对有限的下行风险（至少是名义上的），投资者更多专注于此类资产的实用价值和保值性。

市场风险类：比如股票权益类资产、投资性房产、大宗商品、实业项目，甚至私募股权、对冲基金、风险投资、收藏品等另类资产。由于多是价格变动幅度较大、短期非自用的资产，所以需要适度分散。投资者配置此类资产的目的，更多地倾向于快速增值，甚至暴富。

投资者可以在自认为合适的时机，对以上几类资产进行大级别的轮换，或者仓位调整。但不论青睐于配置哪一类资产，都应当具备以下认知：**世上并没有哪项资产是绝对安全的！所谓的"安全"只能相对而言。永续的资本组合，应当建立在足以抵御一部分恶性通胀、经济危机、地缘政治、自然灾害等事件冲击的前提下。**

二、 无形的财富： 人力资本

每个人都可以通过工作去创造价值、获得收入，最终为自己的财富实现原始积累。马克思也曾经把"资本家用于购买劳动力的那一部分资本"（人力成本）称为可变资本，只不过在现实生活中，实业资本作为出资的雇佣方往往会令劳动者处于相对弱势的地位，很多投资者也许并没有意识到，其实劳动力不只是商品和生产资料，对于普罗大众而言更是一种可以持续的流动性资本。

虽然人力资本是劳动者与生俱来的，也是其得以生存的基本条件，但并非没有成本。现代社会中，大家为了在人力资本上获得可观的回报率（即提升未来的预期收入），都会在时间、体力和脑力上持续进行前期的投入，这也是对人力资本的一种早期投资。这包括了参加工作之前经历十几年系统性的学历教育，接受更多的专业技术培训和考试，或者为获得更好的职业前景去异地工作等，以至于未曾付出这些前期成本的劳动者，已经很难找到满意的工作了。

随着经济的飞速发展，各行各业的更迭也在不断加快，人力资本的生命周期也可能面临相应的缩短，只掌握一项单一的技能很难受用终生,从而大幅增加了劳动者先前投入成本的风险。比如在当初报考时还比较热门的专业或才艺,在等待毕业时也许已经无人问津。所以我们在进行职业规划的时候要保持一定的前瞻性,不能以纯趋势性思维来选择未来从事的行业,否则很可能在人力资本的前期投资上遭受不同程度的失败。

一个人的人力资本,可以视为他的赚钱能力。作为一种无形资产,人力资本具备了很多与实业资本不同的特征。其中最大的差异就是"时效性",人力资本无法像有形资产那样即时变现,我们只有通过不停地努力工作,去慢慢地变现自己的人力资本。在绝大多数情况下,随着劳动者年龄渐长,指望继续通过工作获取人力资本的所剩时间会越来越短,相应的风险承受力也会越低。有形的资产可以通过各种方式去传承,属于你个人的人力资本,却由于是时间密集型资本,必然会随着劳动者体力和脑力的衰退而逐渐贬值,这是浅显易懂的客观规律。

人的衰老无法避免,只有早晚之别。因此从生命周期理论的角度理解人力资本,年轻人肯定要比年长者具备更大的优势。我们有必要在漫长的职业生涯中尽早地积蓄起一部分收入,留给年老时来维持同等的生活水准。正因为人力资本可以帮助劳动者实现线性的收入,在事业和投资双轮驱动下的财富积累,更将具备得天独厚的优势。

所以,普通个人投资者比较理想的财富路径应该是:**年轻时努力兑现尽量多的人力资本,并通过不懈的积累和合理的投资,逐步蜕变成一位持有实业资本的投资者**。最终无论今后你是否继续工作,也不论经济正处于哪种周期之中,此刻所拥有的资产都能够在每个月为你提供稳定的收入(现金流)。

除了实业资本和人力资本这些可以最终物质化的财富之外,健康的身体、和睦的家庭、三两挚友、自由的时间、良好的心态、个人的学识和修养、充实的阅历等,这些点点滴滴都是可使我们提升幸福感的要素,也属于人生财富的范畴。相信随着投资过程中知识和财富的逐渐充裕,各位投资者也会自然而然地拥有这一切。

第二节　股票权益类

个人投资者间接参与实业的方式,或者说可以投资的证券,通常分为股票和债券两大类。买入股票,即持有了公司资产的一部分,也等同于买入了它的未来,股票是很典型的权益类资产。而买入债券相当于拥有了发行主体的一部分贷款所有权,因此是一种固定收益类的证券。

股票价格的短期变化,反映了市场对于未来的看法和未来现金流的预期,也很容易令人捉摸不透。**股票和债券相比,本金的保障度更低,对应了更高的风险,理应享受更高的风险溢价和收益预期。从长期来看,股票权益类资产确实也提供了远高于债券的投资收益率。**

股票的风险升水(Risk Premium),即持股者接受的风险高于投资债券的固有风险,从而获得的超额收益,是投资中的一个非常重要的变量。耶鲁大学管理学院教授罗格·伊博森(Roger Ibbostion)曾对美国资本市场做过一次统计,报告指出从1926—2003年的78年时间里,美国股票市场的复合年收益率为10.4%,而同期美国政府债券的年收益率为5.4%,短期国库券的年收益率仅为 3.7%。股票和债券的平均收益率每年相差了 5%，这就是传统意义上的风险升水，也可以理解成投资股票所获得的风险溢价补偿。伊博森的这份报告中继续指出，1 美元如果用于投资大公司股票，在 78 年时间里将升值至 2285 倍，投资债券将升值至 61 倍，持有现金则仅升值 18 倍。年均 5% 的差别看起来很细微，但最终会导致惊人的财富差异。

杰里米·西格尔（Jeremy Siegel）在《股史风云话投资》一书中，研究了从 1802 年到 2001 年的两个世纪里美国股票市场的收益情况，得出股票风险升水为 3.4% 的结论。可见市场处于不同的阶段，会具有不同的风险升水率，但长期投资股票还是会打败几乎所有的大类资产。

投资股票的主要收益来源于买卖价差和公司派发的股息，其中买卖价差又是由公司长期内生的价值增长和市场情绪构成的，投资的时间跨度越久，企业内生价值增长和股息起的作用也会越大。此外，由于持有的股票对应了该公司的资产，这里面包括生产资料、存货、自有的厂房和办公场所等一系列有形资产，所以在通货膨胀下，股权类资产也可以帮助投资者间接实现资产保值。

彼得·林奇有一句名言：当你投资股票时，必须对人性乃至对国家和未来的繁荣要有基本的信任。只要人类保持着对美好生活的向往，那么经济活动将永不停滞，股票类资产就始终具备长期投资价值。我们投资股票的初衷，也应该是不断地将自己的现金资产去尽可能多地置换成优质的股权资产。企业的价值在于它创造了多少的社会价值，而市场价格终究会回归价值，通过长时间的复利增长，最终给投资者带来财富的回报。如果把全球各股票市场指数拉长到 20 年以上来看，不论是 A 股、港股、美股、欧洲，还是全球新兴市场股票市场，长期都呈现逐级向上的趋势。股票权益类资产作为一项大类资产，应该在家庭资产配置中占据比较核心的位置。

作为对经济周期的变化最为敏感的资产，股票也是实体经济的晴雨表，在市场非理性繁荣之下，股价很可能一直涨到超乎大多数人的想象。而在每一次金融危机下，又总是首当其冲领跌的资产大类，会较峰值价格跌去很多。**高波动率是股票投资过程中不可或缺的一部分，所以普通投资者在投资股票时面临的最大问题就是在投资过程中会遭遇过大的回撤。**回顾 2000—2020 年美国股市的标普 500 指数历史，中途回撤 20% 或 30% 的情况屡见不鲜。2008—2009 年金融危机时曾有过 57.7% 的回撤率，而同期中国股市上证指数的回撤幅度更是高达 69.9%。涵盖了多个行业的股票市场指数况且如此，如果你集中投资于某些个股，势必要承受更大的市值波动。

很多投资者构建的股票组合，虽然行业和风格已经比较均衡了，但并不是多元化的投资组合，最终的投资收益还是会比较依赖于单一股票市场的长期表现。我们个人投资者是否有必要在股票市场高配，还得结合市场环境和自己的生命周期，并不能一概而论。从长期看，既然股票的收益会高于大部分资产，那为什么还要配置其他的资产呢？**正因为股票类资产的价格变动幅度比较大，在配置了不同大类资产之后会增加投资组合的内部非相关性，多元化配置可以在一定程度上对冲投资风险，并平抑市值的波动。**"波动"本身不是投资风险，但假若波动的幅度超出了投资者自身的承受能力，那就很可能造成实质性的损失。

投资方式

个人投资者除了去券商营业部开通证券账户，直接买入上市公司的股票之外，还可通过配置股票型基金、指数基金等方式来投资股票类权益资产。此外，风险投资、私募股权、合伙制都是参与股票类权益资产的投资方式。

第三节　债券固收类

买入债券的本质，是借钱给债券发行人。他们拿到钱后，去从事企业经营或者再投资等商业行为，并按事先的承诺每年向债券持有人支付固定的利息。等到债券到期之后，再一次性归还当初发行募集的资金。由于债券具有固定的票面价值和每年稳定的现金收入，也迎合了很多投资者对于其他权益类资产的大幅波动的恐惧心理。如果说股票是站在聚光灯下的舞者，那么债券就更像是站在一旁默默鼓掌的那些人。

在股票市场如火如荼的时候，往往债市会比较低迷；而在股票市场走熊的时候，债市很可能正涨得热火朝天。股债之间跷跷板似的负相关性，为彼此提供了充分的对冲作用。

从资产配置的角度出发，仅股票和债券这两类资产，基本就能够满足我们绝大多数的配置需求，并可以据此迅速构建出一个股债平衡的投资组合。 在组合中加入债券品种后，能够很好地平缓股票带来的短期波动，而持续稳定的定期利息偿付，也为投资者提供了可以预测的现金收入和稳定的远期本金保值（到期偿付），债券类头寸更像一个稳定器，有助于投资者长期保持稳定的情绪和信心。

从超过 10 年、20 年，甚至 50 年的统计周期来看，股票市场的收益通常都能大幅超越其他类别的金融资产。一旦把统计周期缩短，结果很可能就不是如此了。债券在很多时候是股票的对立面，比如在经济衰退周期，债券市场的投资收益往往就要比股票好。如果你投资股票的目的是增值的话，那么配置债券则应该更注重于稳定的获取现金流和资产保值。

年轻的投资者未来还有足够长的时间去兑现人力资本，通常更愿意去冒险，债券会配置得相对少一些。而年长的投资者，考虑更多的是安逸的退休生活和不可预见的意外支出，因而更倾向于投资组合的保值性和可控的回撤率，而不是更快增值，所以他们也会侧重于配置更多的固定收益类资产。这个比例的多寡设定，需要投资者根据自己的年龄、退休计划、投资久期、远期目标、风险承受能力等诸多因素去综合考虑。

债券的收益率取决于票面利率、期限、交易成本和税费，以及通货膨胀等因素。虽然债券体现了固定收益类资产相对稳健的风险特征，会令很多投资者误以为债券是几乎无风险的，其实需要考虑的风险和回报因素同样不少，投资的难度会超出绝大多数投资者的想象。正如华尔街有一句老话：股票是小孩子玩的，债券才是大人们玩的。以下我罗列了一些投资债券的主要风险。

一、 市场利率和通胀风险

利率是投资债券必须首要关注的要素。我们当前的市场利率是由所处的经济周期和通货膨胀水平决定的。当市场利率下降时，之前发行的高票息债券会变得更具吸引力，投资者愿意支付更多的价格去买入。**投资者必须牢记：债券的价格与市场利率走势相反。**

比如，在国内1995—2000年间漫长的降息周期中，场内交易的10年期国债曾经从初始面值100元，一路上涨至130元。与此相反，当长期市场利率上行时，此前发行的债券票息又会显得偏低了，这时债券价格会随之下跌。久期越长的债券，在市场利率变动时会带来更加惊人的价格变化。比如货币危机下，市场利率暴涨，那些离到期还有十几年的超长期债券持有人会担忧到期后的购买力会遭受更大的价值损失而抛售，跌至90元，甚至80元以下都不算意外。这也是为何债券虽然是固定收益类品种，却可能在短时间内剧烈波动的原因。

债权人购买债券的首要目的，还是希望能够保证这笔投资在未来的购买力得到足够的保障（或者说实际上的保值）。**债券的利率是由你买入时当下的市场环境决定的，票面利率也长期固定，于是债券到期之前的实际通胀水平和随时变化的市场利率，就成为投资债券的另一个不确定因素。** 就像如果你把自己的钱长期借给了某人，肯定会蕴藏更大的风险一样。这也是为何我始终建议个人投资者别轻易参与配置长期债券的原因。而中短期债券因为很快就会到期，此类风险会更小。

二、债券发行人的偿债能力

发行债券的主体主要有两类：一是政府，二是企业。除此之外，我国还有一种以地方投融资平台为发行主体的"城投债"，资金会被地方政府用于当地的公益，或城市基础设施等项目上，因此也可以把它归为"市政债"或"地方政府债"。

债权人都希望自己所持有债券的借款方，有很强的偿付能力和最高的信用级别。但要是这样的话，对方承诺给付的票息也会最低。通常国债的信用等级最高，对应的风险和回报率也最低。假定同期发行的 5 年期债券，国债票面利率为每年 3.5%（代表了此时的市场无风险利率），那么信用评级略低一档的地方政府债票面利率或许会给到 4.5%，而更低一档的国企债会给到 5%，小型民企债券会给到 7% 甚至更多，以此类推。

投资者还需要动态考虑借款人的偿债能力，比如在这家发行主体（或企业）经营困难时，投资者会对未来的偿债能力表示担忧而提前抛售，那么债券价格也会随之下跌。每个债券都会有投资评级，这个评级在存续期间有可能也会变动。在被评级机构调降评级的过程中，该标的质押杠杆率变化，甚至暂停交易等，都是投资者需要提前考虑到的风险。

1998 年 8 月 17 日，俄罗斯宣布其主权债务违约，并随之引发了严重的金融危机。国家层面的债券违约，最终摧毁了本国公民和外国投资者对于俄罗斯银行和卢布的基本信任。因而发行人的偿付能力始终是最值得重视的要素，永远不要忽视债券的潜在风险。**为了获取相对可观的投资回报率，债券投资者必须在发行人的偿债能力和回报率之间，做出一定的权衡。**

三、流动性因素

流动性意味着赋予了投资者更充分的选择权，因此也是有价值的。假设一个日常交投并不是那么活跃的债券品种，最新市价格为 101 元,当你在实际需要卖出变现的过程中,市场上却只有 98 元的委托买单,甚至没有承接单。当天若没有买家及时出现,来买走你的这笔交易委托的话,或许你只能为了套现而承受巨额的摩擦成本,显然这就是缺乏足够的定价委托造成的流动性风险。

机构投资者尚可以把配置的债券直接当作长期底仓,在临时需要现金的时候随时通过向交易所质押(抵押借款)来获得额外的流动性,而普通的个人投资者显然会受到诸多限制。**个人投资者应选择成交比较活跃的债券品种,或者通过配置债券基金来规避这类风险。**

四、 汇率风险

简单地说,汇率就是一国货币换成另一国货币的兑换比率。如果涉及跨境的债券投资,汇率风险应该是需要考虑的问题。各个经济体的经济增速、通货膨胀率、利率高低等不同差异,都会影响汇率的变动。我曾经有位朋友在银行端购买了一款年息 8% 的三年期境外债券产品,为此还特地把手中的人民币兑换成该国的货币再进行的配置,在到期之后该国货币对人民币的汇率整整贬值了近 30%。他本人从未打算过到这个国家生活或养老,仅仅因为高息的诱惑,就配置了该国的债券类资产,最终遭受了损失,显然这是一次失败的投资。

除此之外,投资债券时还可能遇到发行人提前还款、地缘政治因素等无法预计的风险。国际市场债券、本国地方债、投资级债券、垃圾级债券等,彼此的风险差异巨大。**结合市场利率、借款人财务状况和不同久期债券等不同的条件,去构建一个稳健均**

衡的债券组合,是做好债券投资的一门必修课。

投资方式

个人投资者已经可以像买卖股票那样,在证券交易所买卖债券了。但构建债券组合,仍然远比配置其他大类资产要复杂得多,在不同渠道下购买的债券资产,最终流动性和风险差异也会非常大。外加大部分债券的交易并不活跃,并不适合绝大多数个人投资者。普通的个人投资者可以通过债券基金、债券类 ETF,甚至配置个性化的债券组合去构建债券头寸,这一点倒是和股票投资颇为相似。

第四节　投资性房产和 REITs

住房首先是人们的栖身场所,也是家庭财产的重要组成部分,尽早持有自住房产的必要性已不言而喻。投资者在配置投资性质的房产时,与购买自住的房产相比,需要考虑的角度还会有所不同。

当大家都预感到持有的货币即将贬值时,更容易把手里的现金去置换成房地产,毕竟土地和房屋无法凭空创造。对于普通民众来说,房产看着也会让人觉得更真实一些,因而成为很多普通投资者的财富避风港。若想长期远离通货膨胀,或者说至少别跑输太多,那么可以考虑配置优质的投资性房产。**以合理的价格买入并长期持有,就是一种很不错的房地产投资策略,除了增加收益之外,与持有股票时获得股息一样,投资性住房也会另有租金回报收益,这可以为投资者贡献正向的现金流(相对于租房者,**

现金流则为负值)。

但个人投资房地产也会存在局限性,比如投资的门槛非常高、交易成本高昂、无法做到有效的分散化、买卖流程烦琐,甚至要预测城市经济发展趋势等。另外一些不可预测的因素,比如投资新房项目烂尾、市政规划调整、归属的学区变化等,这些都可能影响你的投资回报率。最后由于房产是大宗交易,流动性会随着市场行情而变化,在楼市低迷的时候促成交易的过程会变得非常漫长。

投资房产可以通过抵押贷款,轻易地放大投资杠杆。投资者甚至可以在已有足够闲置资金的前提下,选择贷款买入投资性房产,再利用剩余的闲置资金去做其他更高效的投资。正因为具有这样的优势,很多人将房产当成投机的工具,他们买房的目的就想在最短的时间内,以更高的价格卖给下一位接盘者。最近20年国内楼市虽然整体呈现长牛走势,但仍有很多城市的楼市价格曾经出现过20%以上的振幅。**利用杠杆工具投资房地产,其实是一个长期做多的现金流游戏,高杠杆炒房还是需要防范房价剧烈振荡下的投资风险。**

房地产市场的牛熊周期,比大多数资产都要漫长,以至于很多人甚至认为它是与经济周期毫不相关的资产。长牛下的房地产市场,人们持续保持乐观、价格脉冲式上涨、遍地新建项目,因为地价飙升,之前拖垮了无数买家的烂尾楼也找到了新的下家,租金虽然会上涨,但租金回报率却越来越低。经济衰退期下的房地产市场,商业地产会率先下跌、楼市成交低迷、新建开工项目萎缩、频现烂尾楼、租金已在高回报区间,投资者仍唯恐避之不及。当大周期来临的时候,任何调控手段都可能变得绵软无力,随着泡沫散去后，新一轮的房地产周期会重新开始。

对于个人投资者而言，房产作为投资门槛比较高的投资标的，难以进行足够分散化的配置。 从你决定买入一套房产开始，交易成本也就此固定，想采用分批建仓去摊低成本的方式并不现实。签下房产交易合同时那一瞬间的价格，也将在今后很长的一段时间内，影响着该笔投资的最终回报率。这是否是一笔明智的交易，完全取决于一锤子买卖，因此容错率也特别低。**无法通过分散化的投资策略降低风险，成为投资实体房产最大的局限性。** 随着房地产投资信托（REITs）的普及，相信在不远的将来可以很好地解决这个问题。

第五节 大宗商品

根据国际能源机构（International Energy Agency，IEA）的统计，当今地球上每个人平均在以 2500 瓦特的速度消耗功率，这相当于每秒钟就要使用 600 卡路里，这其中的绝大部分能量来源于煤炭、石油和天然气的燃烧，剩下的来自核能和水能。当全球经济持续增长，人们对消费的需要也会增加，同样会给大宗商品带来更多的需求。虽然中国的人均能源消费量仍然很低，但由于人口基数大，随着经济的飞速发展，2009 年我国各种能源消耗的总量也已经追上了美国。

在金融投资领域，大宗商品泛指同质化、可以交易、影响国计民生的物资。大宗商品涵盖的种类也非常多，目前我国已上市的商品期货和期权品种合计已上百种，可以大致分成能源、化工、有色金属、黑色金属、贵金属、农副产品等。随着近几年商品期货市场的产品体系和市场规模不断扩容，也为普通投资者资产配置和财富管理夯实了投资基础。

投资大宗商品的长期收益率并不会很高，但大宗商品投资具有两个优势：一是作为可以交易的实物资产能够有效抵御阶段性的通货膨胀，二是与其他大类资产的相关度比较低且波动性比较大。**在投资组合中适当纳入大宗商品配置，在拓宽投资的布局领域和平滑账户波动率的同时，还能利用一些策略带来超额收益。**

影响大宗商品走势的原因主要是需求，即稀缺性。总会有专家在警告我们自然资源即将耗尽，但目前为止还没有哪一种不可再生的资源被真正使用完。即便"日益枯竭"的原油，近几年也在各国能源转型的背景下，全球交通领域燃料需求占比的趋势也会有所降低，稀缺性都只是相对而言的。不仅如此，气候的变化或人为增产减产，都会影响大宗商品的价格。虽然在通货膨胀预期下，大宗商品市场会迎来更多的投资机会，但很多时候大部分投资者也只是把它当作一个投机的市场，所以真正的需求并非决定价格的全部因素，市场资金的参与程度也会随时使其价格大幅偏离真实的内在价值。

大宗商品还有一个显著的特点，即它不像股票、债券、房产那样可以获得股息、利息、租金之类持续的现金收入，最终的投资收益完全依赖于市场供求关系影响下的价格变动。这点对于长期投资者而言也不太友好，因此不太适宜用来长期投资。考虑到和其他资产大类的负相关性和市场地位，大类资产配置策略中还是可以阶段性考虑的，根据自身情况进行低配，甚至不配。在大宗商品价格经历了大幅的上升之后，很可能引发全面通胀，通常会随之迎来更加谨慎的宏观货币政策，也意味着通货紧缩可能会到来。这时候我们就更要尽量降低大宗商品的头寸，转移到有足够流动性和安全的现金类资产上去了。

投 资 方 式

国内的个人投资者可以到郑州商品交易所（ZCE）、上海期货交易所（SHFE）、大连商品交易所（DCE）等正规的期货交易所，开通商品合约的交易权限。需要提醒各位的是，由于商品合约自带较大的杠杆，投资者应该把它们当成一个有效的配置工具，而非赌博的工具。除了商品期货和现货之外，现可供投资的方式已日益增多，比如近几年增设的商品期权和期货交易型ETF基金。此外，大宗商品采掘类、能源、农产品等上市公司的股票或ETF，也可以作为一种间接参与大宗商品投资的方式。但其走势也可能受到股票市场的影响，短期并不一定完全与大宗商品的价格走势正相关。

第六节　贵金属配置攻略

黄金天然是货币，而货币不一定是黄金。贵金属主要是指金、银和铂族金属等八种，拥有美丽色泽且具有强稳定性的稀有金属。贵金属在地球上的储量非常有限，无法人工合成，开采成本较高等局限性，使它们"物以稀为贵"。人类将黄金、白银等稀有金属用作珠宝和货币的历史，最早可以追溯到7000多年前。贵重金属作为一般货币等价物，在被赋予价值之后，拥有它们就意味着占有了财富和社会资源。相对于必须由政府信用做背书的纸币而言，黄金曾经是保证家族财富，能够得以世代传承的一种有效财富载体。

按照古典经济学中的"货币数量理论",$M \times V = P \times Y$(货币供给量×货币流通速度=价格水平×商品产量),即社会中的货币供应总量应该是和商品总量相对应的。自18世纪工业革命以来,社会生产力飞速提高,由于存世的黄金总量只能因当年金矿的开采而增加,高昂的开采成本使每年的黄金产量相对于总储量而言占比始终很少,如果再将黄金当作流通货币的话,货币供应量(M)会远远追不上商品产量(Y)的增长速度。

假设当年的经济增长了5%,而同期黄金产量只增加了0.5%,黄金的储量已无法满足人们的需求。如果大家都不用干活,仅凭持有稀缺的黄金就可以坐享经济成果的话,那么通货紧缩下的经济会陷入恶性循环,再加上实物黄金不易携带和分割等客观原因,以上种种都成了人们把黄金剔除出货币体系的最佳理由。

人们开始醒悟,为何不通过发行纸币来替代黄金呢?

只要政府承诺,凡持有发行的纸币,谁都可以随时随地去银行按固定的牌价兑换回黄金或白银不就行了吗?这也让民众逐步消除了对纸币真实价值的疑惑。在此背景下,1717年担任当时大英帝国皇家铸币局局长的著名物理学家艾萨克·牛顿(Isaac Newton,1643–1727)率先将每盎司黄金的价格固定在3英镑17先令10.5便士,有黄金储备背书的纸币成为一项重要的创新,为后来英国奠定"金本位制"迈出了最早的一步。

可惜从来没有什么中间地带,各国在把法定货币纷纷换成纸币之后,都尝到了纸币化的甜头,政府开支、经济危机、战争支出等,都可以成为毫无节制创造新货币的理由,纸币实际对应的黄金价值被一再稀释,人性的丑恶注定了信用纸币的发行量终将远超本国实际的经济增速。在1973年布雷顿森林体系瓦解之后，金本位制正式退出历史舞台，各国政府和货币发行部门终于可以肆无忌惮地发行货币了。世上本就没有绝对完美的货币体系，无论走哪条路，到最后总有解决不完的麻烦。

说起贵金属，还要重点关注白银。白银的产量要比黄金充裕得多，于是在货币史上，白银也比黄金更早地充当本位货币。我国在宋朝就把白银作为流通货币来使用，之后很长的一段时间都采用白银本位、铜为辅币，直至1934年美国政府实施《购银法案》后大幅提高了国际银价，中国白银大量外流，当时以白银为储备的民国法币出现了严重的贬值，国民政府被迫于1935年11月实行法币改革时废除了银本位。

由于白银具备高导热性、导电性、耐腐蚀性等特征，所以它还是现代技术中常用的热门材料。每年生产的白银有相当一部分会被消耗掉，其中包括如今火热的电子、电池、光伏等产业。正因如此，白银和黄金的不同之处在于，除了银币、银条、银饰等收藏和投资属性之外，白银被赋予了更多的商品属性。**同为贵金属的黄金和白银，价格会呈正相关走势，并具有很高的联动性。**每次爆发地缘政治危机或者货币危机，黄金和白银都可能出现脉冲式上涨行情，因此我们也可以把金银的价格走势，简易理解成货币恐慌指数。

另外，很少被谈及的稀有贵金属，比如铂金、钯金等。它们从来没有被当作货币使用过，除了铂金的年产量中还有少许会被用于珠宝行业，其余稀有贵金属的首要用途均是为了满足工业需求。**由于它们产量过于稀少且从未被人类赋予过货币的属性，投资和变现都不是那么容易，具有一定的流动性风险，并不建议作**

为个人投资者的可选投资标的。

金银的自然属性决定了当初的货币地位，而黄金与其他任何一种纸币相比不是一笔政府的债务，所以没有任何的违约风险。我们可以看到，在每一次发生货币危机的时候，黄金仍会似一种影子货币在行使它的职能。例如在最令人担心的非常时期（战争、社会动荡等），政府的财政支出和印钞速度会飞速加快，连普通民众都会预感到自己的储蓄即将遭受大幅贬值，大家会选择尽快消费掉货币，或兑换成实物黄金。**金银对于投资者而言，同时具备了三大投资属性：商品、货币、避险。**

贵金属的大宗商品属性，也决定了持有它们时无法像纸币放贷者那样可以根据市场环境赚取高额的利息（黄金外借业务的利息收入非常低）。那么作为个人投资者，在投资组合中配置多少比例的贵金属比较合适？

考虑到如今早已不是使用贵金属交易的时代，全球金融动荡也不会常态化发生，谁都无法预测何时会出现货币危机，个人投资者持有贵金属的目的仍是以长期保值和避险为主，更多的时候只能是压箱底的情绪稳定器，别指望它们的长期增值速度能有多快。**通常建议配置的比例可以控制在20%，甚至10%以内，如果投资者极度保守，或者中长线看多金价的走势，也不妨适量提高贵金属的配置占比，包括实物黄金。**

投 资 方 式

（1）实物金条、金银币、黄金饰品

配置贵金属的方式有很多，你首先要分清楚自己是想配置实物资产，还只是进行类黄金的投资。自古以来，持有实物黄金都

是无可争议的保值手段之一，主要用以规避极端情况下货币大幅贬值风险，同时政府管制黄金自由兑换的风险。但必须考虑在整个持有过程中一系列的防盗、防遗失等安全问题，这多少会带来一些不便，也成为投资中的一项隐形成本。

(2) 黄金和白银基金

黄金 ETF 已经成为美国民间最普及的黄金投资方式。和实物资产相比，这类产品最大的优势就是便于拆分和随时变现。个人投资者可以将黄金头寸中的一部分用于考虑配置实物黄金底仓，另一部分用来配置黄金 ETF 等交易型指数基金产品，这部分头寸也可以很灵活地进行仓位调整，或定期进行再平衡。类似的投资工具还有纸黄金、黄金期货合约等产品，它们都可以帮助投资者实现更多样化的策略。

(3) 衍生类投资

贵金属相关股票。金矿类股票的长期价值最终取决于金价且更具爆发力，在看多黄金价格走势时，也可以把该类股票归入贵金属配置。但其短期股价表现仍会受制于很多因素的影响，比如股票市场热度、公司金矿开采量、生产成本和利润率、每股隐含的黄金储备量、公司的治理能力及财务杠杆等。不少金矿类公司，不仅拥有金矿，还多元化地布局了其他金属矿，而报表中预测的黄金储量，也可能只是凭借地质数据做出的初步估计，投资其他贵金属矿类股票也是同理。这种方式需要投资者具备更强的研究能力，切勿轻视其中隐含的风险。

第七节　现金类资产

通货膨胀是无法避免的，那么是否有必要保留现金呢？

以前人们为了保证万一粮食歉收的时候不至于挨饿，每年只吃仓库里的陈米，而不是先把新米直接吃掉。现代农业已高度商业化，高生产率足以使农作物保持相对稳定的产量，我们已经不再需要预留足够库存的新米了，但古人留下的这种智慧，教会了我们如何未雨绸缪地生存。人无百日好，花无百日红，我们无法预知什么时候就会进入困难期。凡事都给自己留有一定的余地，才能最稳妥地去实现长期目标。在投资的过程中，始终保留一定比例的现金类资产好比投资组合的安全垫，也是出于同样的目的。

现代生活中，我们对于"现金"的定义已经不仅特指你存放在钱包和家中随时可取用的现钞。它既可以是随时用于支付账单的钞票，又包括了在你的金融账户内可随时变现成钞票，用于支付的等价物，例如活期存款、银行存折、通知存款、短期债券、货币基金等。我们需要有这一个现金储备池，去确保不会因为工作或投资上的变故，而影响到日常的生活。如果你的收入来源不是那么稳定，或者投资风格比较激进，那么就更有必要这么做了。

当危机在全球蔓延的时候，大多数资产会遭遇抛售和暴跌，此时的现金作为一种选择，可有更多机会购买廉价的资产，即资产重置（抄底）权。**我自我规定了一项基本的投资原则，即必须长期保留适量的现金仓（即便有额外的负债），以使自己能始终保留这种权利。**

对于普通的个人投资者而言，现金类资产更大的优势是长期收益相对稳定，并且在持有过程中回撤率非常小（甚至几乎没有），这种市值日日新高的体验让投资者特别的"舒适"。尤其在通货紧缩周期，配置现金会成为一项不错的"投资"，即便利率低到近乎为零，购买力也不会受到折损。于是始终有一部分投资者，非常执着地把全部资金都拿来配置现金资产。

安全感和低回报往往形影不离！虽然现金类资产的名义收益率始终为正，但长期很难战胜通货膨胀。因为国家总是会把基准利率（国债和存款利率）定的比实际的通货膨胀水平低一些，这样才能确保债务体系持续运转，并带动更多的消费和投资。如果投资者在组合中长期持有了过多的现金类资产，就很容易拖累投资业绩，成为另一种长期风险。**所以，永远不要指望通过储蓄赚取利息的方式来积累财富，合理的投资组合应该在保留一定比例的现金，去满足日常开支和周转的前提下，继续持有足够多的权益类资产来获取可观的长期回报。**

此外，保留现金池还有一个作用，即方便投资者进行有效的资产配置和套利交易。比如当你在 A 渠道持有的某产品出现了 1% 溢价，与此同时 B 渠道的同质化产品正在以 1% 的折价交易，这时候你可以通过两者的互换，去赚取这个 2% 的价格差。完成不同交易渠道的瞬间无缝切换时，需要用现金去垫付这个时间差完成整个套利流程。在资产配置的过程中也是同理，动态平衡的时候，不同大类资产的转换同样需要预留适量的现金来实现。

巴菲特在现金流上的有一句评论是："现金是氧气，99% 的时间你不会注意它，直到它没有了。"为什么有的企业增长看上去还不错，账面利润可观，但却会在出现危机的时候入不敷出，甚至举步维艰呢？保持现金流，是企业经营永恒的主题。个人投资者先做好类似的储备工作，就可以在投资风险资产时，好好放手大干一场了。

那么个人投资者到底预留多少现金才合适呢？要是我们能够精确计算出未来的所有花销（包括当时的物价），那么就可以合理规划和其匹配的所有投资计划。但大多数人很难预测今后家庭的消费状况、未来收入，以及生活和投资中的各种突发状况，通常会建议普通家庭至少预备 3–6 个月的生活开销，作为应急备用金。如果家庭收入并不是那么稳定的话，有必要预留的更多。手中有粮，心中才能不慌。

投 资 方 式

(1) 银行存款

个人或者企业存放在银行和其他金融机构的货币资金，包括储蓄存款、商业汇票、银行本票、银行支票等都可归为这一类。我们存在银行的储蓄其实和债券有点相似，当你买入债券，等于把这笔钱借给了债券发行人，去获取定期支付的利息。而把钱存在银行进行储蓄，相当于把这笔资金定向借给了银行。两者最大的区别在于，债券持有者可以在到期之前，在交易所把所有权转让给其他投资者，而固定收益类存款基本只能找当时的发行机构（银行）去赎回。把钱存在大中型的国有银行，也被公认是一种的安全性最高的储蓄方式。

(2) 国债逆回购

个人通过国债回购市场出借自己暂时不用的资金，以赚取约定的利息收益。逆回购的本质是一种短期贷款，适用于闲散资金临时过渡。而借款人则用自己持有的国债作为抵押物获得这笔贷款，到期后还本付息。由于抵押物对应的是国债，因而这种获利方式的安全性非常高（可等同于投资国债）。国债逆回购的利率水平也最直观地反映了当前市场的货币需求（流动性），在投资对利率比较敏感的行业或资产时具有一定的参考价值。

(3) 货币市场基金

作为一种可以投资包括剩余期限在 397 天以内的 AAA 级的债券，期限在 365 天以内的债券回购、央行票据、银行存款等货币市场工具的产品，货币基金相当于一个整合了各种现金类资产的组合包，即让投资者有可能实现接近一年期存款利率的投资收益，同时又具有非常高的安全性和灵活性。货币基金很好地满足了个人投资者配置现金储备的需求，也很适合非专业的投资者用以替代部分的银行存款。

(4) 套利交易

套利的本质是利用同一商品（或同质化的产品）在不同市场中存在的价格差异，去套取利润的一种交易方式。好比某种标准化的商品在 A 市场售价 100 元，而此时正在 B 市场以 102 元销售，那么就可以从 A 市场买入，并迅速抛售到 B 市场（或者在 A 市场做多，同时去 B 市场做空），以此来赚取这个 2% 的无风险报酬，可随时调用的现金储备，就非常匹配此类投资策略。套利交易说起来简单，但需要投资者通过大量的知识储备去辨别这是陷阱还是馅饼。同样的例子，投资者还需考虑在 A 市场大量收购该商品之后，万一 B 市场的买盘突然消失的可能性，如果你没有足够的投资经验，并不建议过多的参与套利交易。

现金管理除了以上所列的四种，还有很多不同的现金替代形式，本质上都是大同小异。需要特别提醒各位读者，即便是低风险的投资策略，易上手、资金安全、流动性、收益率、确定性依然很难兼得，不可能存在绝对完美的最佳选择，这需要投资者在配置时进行差异化的选择。

第八节 化繁为简：指数化配置

聊起投资策略，我常会提到"奥卡姆剃刀定律"的简单有效理论，这个始于14世纪欧洲的观点，即主张"切勿浪费较多东西，去做较少东西同样可以做好的事情"。简单的不一定是最好的，但最好的一定是简单的。指数化投资，就是如此一种能够使普通的个人投资者将交易系统迅速简化，并且更容易实现长期盈利的投资方式。

一、指数的历史

指数，即按约定的规则在市场中抽取成分股或样本，计算出统计数据。它既是衡量资本市场交易价格波动和景气度的综合指标，又是投资者做出决策的主要依据。你还可以把指数当作投资过程中的一个锚，便于长期考核自己的投资能力。**对于个人投资者来说，更具意义的是可以通过指数化的投资，或者配置指数化产品去进行更高效的投资。**

1884年，美国《华尔街日报》创始人查尔斯·亨利·道（Dow）和爱德华·戴维斯·琼斯（Jones）开始对11家在美国上市的铁路公司股票价格进行汇总记录，按算术平均股价编制出"道琼斯平均值"。之后几年又逐步纳入了其他非铁路公司的股票，直至1928年扩充成市场中最具影响力的30只工业类股票，并一直沿用至今。通过这种简易的方法，投资者可以迅速了解美股市场任意一天的大致走势，这就是世界上历史最悠久的股票指数：道琼斯工业平均指数（Dow Jones Industrial Average，DJIA，简称道琼斯指数或道指）的由来。

虽然道琼斯指数作为美股蓝筹股的代表，至今仍是世界上最知名、最重要、最有影响力的股票价格指数，但由于其统计方法是将每个成分股的股价进行平均（股票价格加权指数），无法代表各家公司的真实市值水平。例如会给小市值的高价成分股过多的权重，而大市值的低价股则相反，因此会造成长期比较失真的统计。此外，选取30家也仅仅是数千家上市公司中的极小一部分，无法体现股票市场的真实全貌，代表性存疑，自然很难成为投资者有效的投资标的。

1957年美国标准普尔公司开始编制并维护标普500指数（S&P 500），这是从美国上市的所有股票中选取了具有市场代表性的500家上市公司的股票作为成分股，以流通市值为权数计算得出的加权股价指数。与早先的道琼斯指数相比，标普500指数囊括了更多的上市公司，并且采用科学的市值加权方式，更真实地反映了市场的变化。标普500指数和1971年创立的纳斯达克指数，现已成为全球投资者衡量美国股票市场的标尺，合理的编制方法也让指数化投资成为潮流。

1990年上海证券交易所和深圳证券交易所先后开业，为中国股票市场拉开序幕。上海证券交易所综合股价指数，简称上证综指、上证指数、沪综指，自1991年7月15日起正式实时发布（基日为1990年12月19日，基日指数100点），成为反应在上海证券交易所挂牌股票总体走势的统计指标。作为国内股票市场中最悠久的指数，上证指数早已获得国内中小投资者的广泛认知。

全球主流的股票市场指数，无论是标普 500、日经 225，还是恒生指数等，实际上都是成分股指数，即定期更换指数内成分股，且具备优胜劣汰的良性循环机制。反观上证指数则更像一个"大熔炉"，囊括了上交所的所有股票，其编制规则决定了那些长期没有业绩的垃圾股和刚上市爆炒的次新股都会被一揽子打包在该指数中，中国每年退市的公司也远远少于新上市的公司（新陈代谢不足），以上种种都导致了上证指数的长期表现差强人意，自然很难成为投资者心目中理想的指数化工具。随着 2005 年之后，上证 50、深 100、沪深 300、中证 500、创业板、科创板 50 等指数以及一系列行业指数的诞生，就此为国内的指数化投资开辟出了新的道路。

二、 指数基金的优势

1. 分散化投资

指数基金对应的指数包含的是一揽子股票组合，通常一只指数基金对应的股票数量，少则几十家，多则 300 家、500 家甚至更多。由于配置的成分股众多，已经起到了分散风险的作用，尤其宽基指数基金，在多行业分布上会更趋于分散，持股的相关性也比较弱，为参与者大幅度降低了投资的风险。**指数化投资提供了一个有效的投资思路：少即是多。**

2. 成本低廉

低成本，是指数基金的一大优势。首先，指数基金的调仓频率不高，主要是样本股定期的调样换仓，这方面的交易成本会远低于绝大多数投资者和主动型基金。其次，买卖 A 股时除了正常的交易佣金之外，每笔交易还须缴纳 0.1% 的卖出印花税，而在交易指数基金时无此项费用。最后，相对于主动型基金，现国内很多指数基金的年管理费已经降到 0.5%，甚至 0.15% ~ 0.20%，这一点不论是对机构投资者还是个人投资者都具有很大的吸引力。

3. 风格不漂移

指数基金的运作方式是复制指数的表现，因此最鲜明的特征是：被动化工具。不论哪一类指数基金，指数编制规则都是事先明确的方案。持仓始终比较透明，投资者要的是所见即所得，不像主动型基金那样，每个季度基金经理都可能挑选不同的股票，风格不会轻易漂移是指数工具的优势。**相比于主动型基金，指数化投资不再依赖基金经理的能力，而是将这些选择权掌握在投资者自己的手中。**

4. 可繁可简

资产配置中最基础的投资工具，就是指数基金了。投资者若想实现市场平均水准以上的收益率，压根就不需要投入过多的时间和精力，选择在市场低估的时段，简单买入并持有一只主流的头部指数基金就行了。当然经验更加丰富的投资老手，也可以结合行业精选、因子轮动、多空择时、辅助套利等个性化的交易方式，通过指数工具实现超额收益。低成本的被动指数化资产策略，适合绝大多数个人投资者。

诺贝尔经济学奖获得者哈里·马科维茨表示：资产配置多元

化是投资者唯一的免费午餐。而指数基金背后的秘密在于，买指数相当于买入了一揽子的生意。从长期来看，它们中有些生意赚了，而有些的确亏了，甚至还有不少破了产。但只要投资者不去偏执地钻牛角尖，我们总能发现，总体来讲这终将是一个紧跟经济增速，实现长期盈利的生意集合。**被动投资所有上市企业，长期必赢，因为生意创造价值；而短炒长期必输，因为赌博不会创造额外的价值。**

如同90%的司机自认自己的驾驶技术超过行业平均水平，股市中的大多数人同样也认为自己的投资能力远超市场平均水平。这也是为何很多中小股民长期亏损，却仍然坚持自己炒股的主要原因。自负是人类的本能，是不是很无解？

大家回看下本书第一章，图1-1关于全市场指数的历史数据，另加上指数每年另外隐含的年均1.5%～2.5%股息之后，2005—2020年期间的投资总收益将超过了8倍。通过配置指数基金，就可以轻而易举地捕获市场收益，更何况基金另有网下打新等阿尔法收益。同期长期跑输这个全市场指数收益的投资者，应该远超八成。**建议刚入市的新手，和已经尝试过很多方法，却依旧没有找到盈利之门的投资者，不妨试着化繁为简地去学习下指数化投资。**回到最简单的方法，好好积累财富。

指数基金本身就是一种不会死的品种，能够作为永续的资产来配置。如果你还没有掌握稳定超越指数的投资方法，那就暂时别为了实现超额收益盲目采用那些偏离市场的策略。这样只会增加额外的风险和投资成本（包括费用、时间、精力、承受的压力等），指数基金可以让投资变得更简单。

第九节　中国资产篇

人们对他人的认知首先根据初步印象，然后再从这个印象推论出认知对象的其他特质。而一个人如果被标明是好的，他就会被一种积极肯定的光环笼罩，并被赋予一切都好的品质；如果一个人被标明是坏的，他就被一种消极否定的光环所笼罩，并被认为具有各种坏品质。以上，即由美国著名的心理学家爱德华·桑代克于20世纪20年代提出的晕轮效应（Halo Effect），又称"光环效应"。

各位读者是否也曾羡慕过别人的好工作、同学家的富爸爸、亲戚家的乖孩子，甚至国外的惬意生活，却没有好好珍惜现在所拥有的一切？资本市场中同样如此，很多投资者会因为经历了某些不如意，或者了解到更多内幕之后，开始排斥配置自己所从事行业的股票，宁可转而投资一个完全陌生的领域，这也是有一部分国人始终对中国资产市场抱有偏见，并长期执迷于投资海外资产的原因之一。

大多数人都有羡慕别人的特质，是不是很有意思？规划资产配置方案之前，我们率先要决策的是，这笔资金将投往哪块区域经济体，比如股票类权益资产的仓位，具体怎么分配给本国股市和全球股市这两大板块。以下说说，我对于中国资产的观点。

一、 中国人的勤奋

勤奋是成功的基础，诺贝尔经济学奖获得者罗纳德·哈里·

科斯（Ronald Harry Coase）曾在《变革中国：市场经济的中国之路》一书中感叹道："中国人的勤奋，令世界惊叹和汗颜，甚至有一点恐惧！"大家去欧洲旅行时会发现，每逢周末时外出觅食或许会变得更困难一些，原来很多餐厅和小店会在周末歇业，店主已在外度假。我看到了尊重假期和符合他们享受生活的休闲文化。而与此相比，国内的周末随处可见还在加班或进修的年轻人，他们的生活节奏就会快很多，中国人的确非常之勤奋。

应该是从1978年改革开放开始，国民迫切希望提高生活水平的需求，使市场经济瞬间激发了国人的活力。如今每到逢年过节大家收到最多的问候，不是新年快乐，而是恭喜发财！可见过去长时期物质上的稀缺，给国人带来了更多的渴望和拼劲。最终全体国民通过几十年的努力，换来了飞速增长的经济成果。也许在若干年之后，随着社会财富和生活水平的大幅提高，国人或许也会更加重视休闲娱乐和享受，进而逐步降低工作强度。但从现阶段来看，国人勤劳拼搏的优良品质，仍将持续为中国经济起到正向推动作用。

二、 祖国是我们的立身之地

首先，中国仍是全球范围具有较大成长空间和活力的经济体，即使面临中美贸易摩擦、经济增速放缓等不利因素，但和那些成熟的发达国家相比，我国GDP仍保持着相对高速的增长。其次，跨区域持有QDII等海外资产的管理费用，包括购换汇等各项隐形成本等都不会很低。如果国内的投资者在几年之内暂无移居海外的计划，那么优先配置本国的资产应是综合了交易成本、便捷度、未来现金流等因素之后的明智选择。

三、中国的资本市场相较于成熟市场，仍具有明显的超额收益

中国股市作为新兴股票市场之一，现阶段具备了低佣金、低税费、无资本利得税、散户化、低风险打新等诸多投资特征，这些都是很多海外成熟市场无法比拟的优势。若您觉得长期在中国股市中难以盈利的话，不妨去高税赋、无涨跌停限制、T＋0的外盘试试水，利空踩雷当天就暴跌80%～95%比比皆是。作为普通的个人投资者，如果身在一个经济高增速的国家都无法把握财富机遇的话，那么去海外试水只会更加艰难。

四、如何快捷布局中国股市：沪深300＋中证500

1. 沪深300指数

沪深300指数由上海和深圳证券市场中市值大、流动性好的300只股票组成，综合反映中国A股市场股票价格的整体表现，截至2020年年底约占A股市场权重的58%。

沪深300指数作为聚焦于市场头部的宽基指数，其成分股自然聚集了更多在行业中地位较高的蓝筹型企业，特别是一些已经上市的大型央企、国企均被纳入。大盘蓝筹股也基本是国内的经济支柱企业，这批公司的中长期业绩和股息水平也会相对稳定，应该是长线投资者的核心资产。**投资者在合理甚至偏低估的区域介入，进行长期持有的话，获得稳定收益的概率会非常大。**

2. 中证500指数

中证500指数由全部A股中剔除沪深300指数成分股及总市值前300名的股票后，总市值排名靠前的500只股票组成，综合反映中国A股市场中一批中小市值公司的股票价格表现，截至2020年年底约占A股市场权重的15%。

虽然中证500指数的成分股较沪深300指数小了许多，但绝非迷你，其中不乏一些细分行业龙公司仍在高速的成长。待它们更具规模之后，有可能会晋升至沪深300指数中。若其中某些公司发展停滞，基本面变差甚至掉队，则会被剔除出去，因此该指数具有相对高的周转率（见图3-1）。

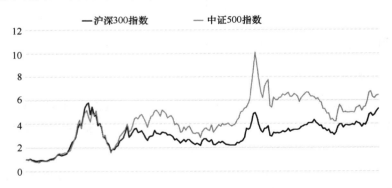

图3-1 沪深300指数、中证500指数历史走势对比
（2005年1月至2020年12月）

截至2020年年底，沪深两市A股已有超过4100家上市公司。标普500约占了美国股票市场总市值的80%，而我们的沪深300指数只占A股总市值的50%出头。将沪深300指数和中证

500指数组合之后，即中证800指数，这800家上市公司覆盖了高达54.4万亿元市值，约占A股总市值的70%。简易的双品种指数组合，即可轻松覆盖沪深两市的大部分，且具有足够的A股市场代表性的上市公司。在对行业或策略暂无明确主攻方向时，投资者按照沪深300指数和中证500指数，以70/30的比例来构建成一个中规中矩的准全市场组合，作为核心底仓过渡，就能最便捷地跟上全市场走势。

沪深300指数和中证500指数的成分股完全不重叠，两者板块风格鲜明，对应了不同风格的市场资金流向。可以将这两个宽基指数品种作为风格轮动，或者动态再平衡的入门首选标的。最后，两者作为市场中主流的指数，现在都能找到足够多挂钩的衍生交易品种。例如ETF、指数增强型基金、股指期货、期权等，方便投资者设计更个性化的交易策略。在此基础上，如果再叠加个性化优选标的，例如在境外上市的中国公司组合，就可以做到境内行业头部公司的全覆盖了。

普通投资者也可先从最简便的动态平衡做起。例如将沪深300指数和中证500指数，在期初各自按70/30的配比之后，定期进行仓位的再平衡（如每隔12～18个月调回初始比例），这也是资产配置的基础。 你不会赚到最多，但在整个投资过程中你会非常轻松且长期将大概率跑赢全市场的平均收益水平（见图3-2）。

股票投资风格可大致分为价值和成长两类，市场资金每隔几年会偏向其中的一方，令趋势交易者趋之若鹜。我们将沪深300指数和中证500指数这两个风格互补的宽基全行业指数去做组合，兼顾了以上两种投资风格，且永远都不会过时。**双品种组合**

也是资产配置的基础，我们可以在市场风格轮换的过程中，通过动态再平衡实现更多的超额收益。

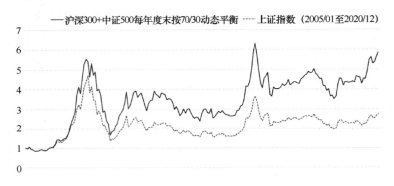

图 3-2　沪深 300 + 中证 500 指数按 70/30 动态再平衡

第十节　海外资产篇

资产配置不仅限于投资本国的资产，当财富积累到一定的规模之后，若仍将资产集中在任何一个国家和地区可能都不够保险，此时投资者完全可以拿出其中的一部分继续分散到全球其他国家和地区的资本市场中。虽说近几年全球经济有一体化的趋势，各资本市场较以往有了更多的联动性，但全球化的投资组合确实可以降低更多投资风险。

14 世纪比利时的水都布鲁日（Bruges）是当时欧洲的金融和文化中心，非常富足。后来那条曾经为城市带来繁荣的海道被泥沙淤埋，大船再也无法停靠进码头，布鲁日的经济地位就此迅速被 100 公里之外的安特卫普取代，辉煌不再。

每一位普通的投资者、上市公司、行业、城市，甚至于整个国家，在漫漫的历史长河中，命运都是注定会有起伏的。在城市变迁的过程中，我们或许还可以考虑举家搬迁过去，继续进行相仿的工作或创业，享受新兴城市经济腾飞的红利，可如果是跨国之间的变迁呢？人口的流动就没有那么容易了。做投资时亦是如此，择机参与配置海外资产，可以使我们的财富与世界经济保持紧密的联系。

不论是房地产还是股票市场，本土资本都更容易受到当地经济环境、货币政策以及市场情绪的影响，配置相关性低的其他国家的资产，是分散投资的另一种有效途径，尤其在你的资产已初具规模的时候。 如今大家已经可以躺在床上翻翻手机，通过网络就能海淘到境外的各类商品。对于普通的个人投资者来说，也能采用同样的方式，去个性化配置全球范围内的各项大类资产。回想 200 多年前，一方财主还只能把家业集中搁置在同一地域，光从这一点来看，我们这个时代的任何一个普通人，都在享受时代进步带来的便捷。

我们在配置股票类权益资产时，要先把计划仓位规划成本国和境外股市两大部分。 近几年国内指数化产品发展迅猛，海外指数品种的数量和规模也在同步激增，美国、德国、法国、日本、印度等国家的股票市场指数已纷纷上市，可以满足我们一键配置海外资产的投资需求。

我的观点是，投资初期应该更多专注本国资本市场，年轻时海外资产配置比例尽量不要超过 15%，随着投资经验的丰富和资产规模做大，再考虑是否递增到 20%～40% 的上限。 海外资产给予多少头寸同样要结合自己的年龄、工作地和未来养老的国家等因素综合考量。比如一位目前正在中国工作的美国籍公民

(计划退休之后回美国养老),他给家庭资产分别配置了 40% 的美国股市、30% 全球指数、20% 美国债券和 10% 中国股市,对他而言这些可能是比较合理的。但如果他的同事是某位从未打算移居海外的中国小伙,也同样参照这个资产配置方案的话,就显得有点奇怪了。

海外资产包括但不限于股票、债券、房地产等。考虑到投资海外资产会在税收制度、资管约束、运营成本、交易便捷程度,以及投资者获取信息的效率等方面相对于本土投资均处于明显的劣势。且随着全球化的影响,各资本市场的相关性已较早年已有所增强,通过全球化的分散投资可以降低风险,但其优势也没有大部分投资者想象得那么大。全球资本市场可细分为多个大类,个人投资者进行海外资产配置时,还是建议优先配置美国、德国、日本等这些在全球经济中占比较高的国家。

个人投资者,何时考虑配置更多海外资产的三条建议

(1) 财富积累到一定规模后,进行全球化的配置。
(2) 已经或计划移居海外,需提前筹备境外货币或资产。
(3) 当国内资产已全面泡沫化,暂时没有配置价值的时候。

第四章 生命周期下的资产配置规划

第一节　了解自己：不一样的人生

地球上的生物种类繁多，每种生物都拥有各种的形态特征和生活习性，这就是物种的多样性。就像世界上没有完全相同的两片树叶那样，基因、生长环境、家庭背景等差异成就了性格迥异的投资者，在同一个市场中参与交易，构成了多姿多彩的资本市场。而在资本市场中，既有年纪轻轻就风格超级稳健的投资者，又有已经步入迟暮之年交易时仍非常激进的投资者。

现在网上也到处可见各种资产配置方案，包括可供跟投的基金组合，我们是不是可以一键复制就能实现和投资高手那样卓越的长期投资收益呢？其实，并没有哪一种投资体系是适用所有人的。**投资最难的并不只是如何配置和合适的卖出时机，而是投资过程中的情绪控制和如何找到和自己相匹配的方案。设计投资策略的第一站，应该先立足于了解你自己。**

一、你的职业

毫无疑问，作为普通人的我们这一生都需要通过赚取工资性收入，去维持自己和家人的生活，尤其在还没有多少积蓄的青年时期。假设再给我一次选择的机会，刚从学校毕业，面临以下两个工作机会该如何抉择？

工作（1）：职业发展非常稳定，但收入增长缓慢。

工作（2）：职业很不稳定，但收入起点高、增速快。

工作稳定与否并非是判断这份工作优劣的标准，要是人人都安于现状,那么这个社会的节奏会慢很多,甚至阻碍了经济的发展。但我们必须认识到,工作是每个人赖以生存的方式,投资理财的资金也多来源于平时的工资结余。以上差异化的职业选择,意味着将进入两种截然不同的人力资本回收周期,接下来会指引我们应该采用何种资金策略去进行投资。

假设没有意外的状况,那么绝大多数普通工薪族一生的工资收入水平,就如图4-1中收入曲线所示。刚从学校毕业不久时收入微薄,随着从业经验和职位的上升之后的收入也会逐步抬高,在中年前后迎来高峰,最后临退休前或许会逐步退居二线,直至正式退休之后开始领取养老金。整个职业生涯的收入多会呈现中间高、两头低的现象。大部分人都将挣着平均工资水平上下的收入平淡地度过一生,整个人力资本的回收周期也比较漫长。

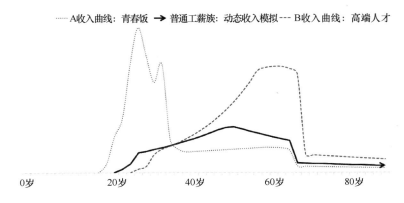

图4-1 三种不同的职业性质对应的预期收入曲线

所在行业和公司性质的不同,从业期间的收入曲线会呈现不同的差异。例如医生、律师、高级教师、学者这类需要前期大量投入、长时间沉淀的职业，工资性收入基本会随着从业年限的增长一路升高甚至加速升高（图 4-1 中 B 收入曲线）；而一夜成名的演艺工作者、体育竞技类从业者，甚至某些个体经营户等，职业的黄金生涯就会相对短暂，收入水平很容易在 35 岁，甚至 30 岁前后就迎来断崖式的下滑，即大家俗称的"青春饭"（图 4-1 中 A 收入曲线）。

虽然谁都能尝试着改行，但毕竟改行的成本非常高，同时意味着更高的失败率。所以投资者若没有其他意外赠予、遗产、拆迁补偿等收入的话，仅凭差异化的人生收入曲线，势必要制订截然不同的长期投资计划。比如 B 收入曲线者不妨在职业的初期参与更加激进的投资；而 A 收入曲线者，在很年轻时就需要对今后的资产布局未雨绸缪了。

除了人力资本回收周期上的不同，各种职业的周期属性也会迥异。比如，证券或基金销售人员的收入很可能和股票市场的走势密切关联，虽然在市场好的时候能轻松赚取高额工资和佣金提成，但当他（她）们的收入也会随着资本市场的低迷而大幅下降，甚至失业时，如果他（她）们的投资组合恰巧又是与股市高相关性的激进型配置，那么在市场行情很差的时候，就会面临收入和资产同时跳水的双重风险，这对于家庭财务状况是毁灭性的打击。类似可能受到经济周期较大冲击的行业还有很多，相关从业者在制订长期投资计划时，必须结合行业特性来决策。

相比较而言，有些行业和公司稳定且收入变动幅度较小的工作，则体现了弱周期的属性，在大多数情况下，同样进行长期投资的话，这些受经济周期影响较小的工作，相比那些强周期性的工作会具有更大的优势。比如一份比较稳定且具有上升空间的工作,就能够完美匹配定期不定额的定投策略,也可以参与更多积极的投资策略。

对绝大多数人而言,我们的收入大多仰仗于一份工作,不管你是不是很喜欢现在的这份工作,至少这是给你带来现金流的重要来源,我们不一定能轻易地进行改变。在现实生活中,我们常会看到一些收入很不稳定的投资者,频繁进行激进的投资,却屡次遭遇永久性损失。还有不少工作非常稳定的人,却长期储蓄现金类资产,长期低回报,显然他(她)们并没有去综合评估该投资方式与未来收入曲线的匹配度。由此可见,投资者去努力提升自己的现金流收入,也是增加风险承受力,同时降低风险厌恶程度的一种有效方式。

盛行于美国的 401K 养老金计划,早期由公司在员工的薪水中额外提取一小部分,让员工换购自家公司相应的股权,这在给员工自动储蓄养老金的同时,还将公司和员工更紧密地连接在一起,但这一方式却面临一个很严重的后果:过度集中。2001 年 12 月,当时位居世界 500 强第七位的美国能源巨头安然公司(Enron)因经营严重亏损和财务造假丑闻而宣布破产,由于此前为其员工购买的退休储蓄计划中的大部分都被用于购买了本公司的股票,所以在公司破产后,遍布全球的 21000 名安然公司员工陷入养老金和工作同时丧失的处境。某位前安然员工自述,之前他的退休金最多时曾经达到 348000 美元,在公司垮掉后退休金账户遭到了冻结,待解禁卖出时只剩下 1200 美元了。

因而,人为降低资产组合和自己本职工作的关联度,才是更安全的资产配置。 另外还有很多问题需要考虑,比如女性投资者的职业生涯会更短暂;再比如你接受的教育越多,意味着会大幅推迟职业生涯开始和获得收入的时间，但就业后的收入也会增长得更快，这也是一种现在与未来的权衡；某些工作不便于进行实时的场内交易等。**建议各位投资者，在对自己目前从事的工作和未来现金流进行一个简单的评测之后，再去进行资产配置计划。**

二、 你的性格

影响我们人生的绝不是环境，也不是遭遇，而是我们的性格。每个人都是一个独立的个体，各自有不同的基因和成长经历，形成了迥异的世界观、认知、性格和消费观等，去苛求谁都可以完美复制成功投资者的致富经历也不切实际。性格对于投资行为起着决定性的作用，例如有些人的性格特质更容易在资产下跌的时候情绪失控、干出傻事，这就注定了他（她）或许不应该持有过多的权益类资产。**任何投资策略都要设置个性化的阈值，这应该是和自己的投资性格挂钩的。**

1996年年初，由以色列和美国的科学家组成的研究小组发表声明：他们发现了人的第11号染色体上有一种影响性格的DNA：D4DR遗传基因。人的DNA主要遗传自父母，于是我们常看到一个人的性格和父母会有一定程度上的相似，比如是外向性格还是内向性格。每一个人性格最终的形成不完全受遗传因素的影响，环境也是性格发展形成阶段一个重要的决定性因素，诸如家庭、学习、生活、朋友圈，以及参加工作后各种效应的催化。

外向的人往往热情、勇敢、乐于助人，在投资过程中执行力强、自信、习惯以自己的立场思考问题，但情绪起伏相对更大、容易冲动交易，且经常会高估自己的投资能力。内向的人往往待人含蓄、严肃、敏感、缺乏自信和行动的勇气、善于幻想，喜欢有序的生活，在投资过程中他们更善于思考、遇事沉着、富有耐心、情绪相对比较稳定，但有时候过于谨慎、思维易受局限、缺失大局观。无论是外向还是内向性格，在投资上都没有绝对的优势。

随着分子生物学的发展，人们终将可以运用生物和医学的手段，按照性格特征的遗传基因图塑造个体的性格，但现阶段很多个性化的行为都是先天具备的，我们只能通过自己对环境的适应，去避免那些不良的投资行为。很多投资者即便填写过无数次风险测评试题，依然不了解自己的风险承受力，当一笔真实的资金，甚至养老的钱在市场中经历剧烈的波动时，才会手忙脚乱。最真实的情绪和投资行为，这时候都会暴露出来。

我身为一个普通的工薪阶层，在刚入市的时候曾经也难以承受几百元市值的波动。直到经历了很多过程，财富雪球逐渐滚大，才慢慢对几万元，甚至几十万元的日内波动都觉得习以为常。亲身的经历使我坚信，虽然很多投资行为是天生的性格差异注定的，但肯定可以通过后天的认知、生存环境的改变和实战历练去慢慢塑造。**随着知识和阅历的积累，自律的投资方式会逐步改善投资的性格，并把我们塑造成更卓越的投资者。**

1. 了解投资的常识

这世上，真的有那么多极度保守的投资者么？我们总能见到一些平时非常勤俭的家庭主妇（或主夫），在市场行情平淡的时候异常"稳健"，始终把所有的钱都储蓄在低息的存款，而当某项资产暴涨之后，在身边朋友的刺激和鼓动下立马变得超级狂热,急于把所有筹码都押上赌桌,生怕再晚几分钟,就会错过这个好机会。我们从未见过她(他)会对致富如此渴望,前后表现完全判若两人。

冲动或是理智,并非天生的基因。在贪婪和恐惧面前,绝大多数投资者都是冲动型的。如果投资者能在入市之前,就充分了解到更多资本市场的历史和一些投资常识,那么她(他)在进行投资时也会更趋于理性。当积累的知识越多,你做投资就会越游刃有余,也越不容易被别人收割。

2. 丰富投资阅历

投资的性格,也会随着投资经历而发生改变。比如在听取小道消息后盲目投下一笔重注居然实现了盈利,愈发激进;而直到踩一次雷后,才愈发保守。这些都是可以预见的行为趋势,个人先前的投资经历都在潜移默化地影响未来的投资情绪。由此可见,入市之初就顺风顺水、轻松盈利,对于塑造成熟的投资性格并非一件好事。在自誉为"股神"之后,油门越踩越重,直到最后一次车毁人亡。尽早去进行投资,真实感受市场的波动和投资领域的各种特征,也会使投资者迅速成长。

3. 保持开放的心态

在很多人的眼里,世上的事物只有对和错两种,中间没有灰色地带。故步自封的思维惯性,使他(她)们对身边随时发生和变化的事情毫无兴趣。若在投资过程中遭受到短暂的回撤,或者亏损,自我封闭的性格很容易自此怀疑一切,甚至为了挽回损失,而去采用更极端的赌博式策略。这个世界唯一不变的,就是改变。热衷学习，保持开放性思维，并善于独立思考的人，使自己的投资体系具有足够的可塑性，得以适应不同的市场环境。自然在经历了数轮涨跌之后，很容易就具备成熟的投资性格，继续稳步往财务自由的道路上迈进。

第二节　如何决策资产配置框架

在人类赖以生存的地球，不论是土地、能源，还是生产资料等所有一切资源都是相对有限的。更令人焦虑的是，我们身为普通个人投资者拥有的时间更为有限，注定只能在有限的本金、有限的投资生涯，甚至有限的耐心之下做出当下看似合理且大概率制胜的选择，这些都是稀缺性造成的。假设我们果真找到了一个长期投资回报率远高于其他大类的资产或策略，是否只要手里一有钱就往里面去投，就可以保证未来一定能获得上佳的投资收益呢？当然不是。

我们还必须考虑当前使用的这个投资策略是否能够永续下去。例如在你全力投资股票时，赶上了大熊市，刚巧家中遇到特殊情况急需一大笔支出，此时的你却只能在股价处于极低的位置被动止损套取现金。或者由于使用了过高的杠杆，在市场剧烈振荡的过程中，无力负担高额负债，在一轮周期还没有走完之前，这笔投资就已经被强平清仓，之后再大的行情都将与你无关了。包括市场中的很多投资老手，常会因为诸如此类预料之外的状况而功亏一篑。

众所周知，人力资本的价值必然会伴随着时间的推移而变化。为了投资体系的长期可持续性，随着年龄的增长，投资者需要把自己的资产组合包的风险敞口逐步收敛。比如逐步去掉融资杠杆，或降低权益类配置，增加不同的资产大类配置，品种逐年趋于分散，并配置一定比例经济增速虽不高，但相对稳健的海外成熟市场资产等。如果年龄是一个相对容易量化的指标，那么关于未来的现金流收入就令人更加难以预测了。

在经济繁荣周期，我们更容易找到升值加薪空间大和前景光明的工作；而在经济衰退时，很多行业和公司的效益出现了下滑，好的工作机会也变得越来越少，甚至出现失业潮。在经济规律中，人力资本和实体经济的周期性往往是趋同的。我们每个人都会因为不同的年龄、教育背景和所处的行业而具备不一样的风险抵御能力，这也给长期投资计划增加了很多的不确定性。**我们每位投资者首先需要结合自身的生命周期，去设计个性化的投资方案。**

所谓甲之蜜糖，乙之砒霜。人和人之间的差异非常大，很多人会执着于寻找最完美的交易体系，忽视了其实并不存在什么绝对正确的品种和投资策略，最终还得看它是否真的适合你。如果投资者过于苛求这个系统是否 100% 的完美，那么此后很容易在投资组合表现不及预期的某个时段方寸大乱。随着投资阅历的丰富，理性投资者也会慢慢地体会到，没有必要一味地模仿他人的投资策略，逐步形成自己的投资风格，并选择一个可以匹配个人优势的方法，才是决策的要素。

我们在设计战略性的投资框架时，需要具有一定的前瞻性，这个资产配置规划将长期考验与你的工作特性、投资性格、家庭背景、风险承受力，甚至与未来退休生活的匹配程度。不论身处何时或何地，你永远是自己最值得信赖的资产管理者。没有多少事情会比设计一个适己的长期投资策略，并通过这个系统实现财务自由更让人有成就感了。那么个人投资者如何设计一个完整的资产配置计划呢？**可以分为设定目标、长期战略、中期战术和定期回顾四步来走。**

一、 设定可行的投资目标

设计系统之初，先要设想长期的目标，以便规划实现财务自由的有效路径。幸福＝所得/预期，设置合理的预期才能更容易获得满足感，所以我们无须制定过高的投资目标，而应预设一个未来大概率能够实现的愿景。一旦计划了一个合理可行的远期目标，最终仍有可能大幅超出原先的投资预期。**一个完善的长期投资目标，由投资期限、目标值、预期收益率等几个要素构成。**

我们赚钱的终极目的，早晚还是为了花掉。只有投资者自己最清楚未来的资金支配计划，不管你是准备留做日后买房买车，还是存给孩子教育金，或是规划自己的养老，这些都应该在你投入这笔资金之前就预先规划。比如三年后积累到100万元，或是退休时有500万元储备金等诸如此类，投资期限和目标值都是比较容易设想的远期目标。

关于如何设定合理的投资预期收益率，本书第一章内容有所提及。在此基础上可再根据自己的投资能力和能够承受的风险范围，进行适度的上调或下调。按照初步计划的投入金额和预期收益率，我们就能够推算出若干年之后自己的财富大致能积累到什么程度。如果届时这个目标值还不足以达成你预期的话，那么只能从现在开始继续追加投资（增加自身的收入和投入，缩减家庭开支），或者提高预期收益率（提升投资的风险和收益等级，但降低了确定性），直至最终有可能实现这个远期目标。

设定预期年化收益率总得有一个界限，假设过去 20 年资本市场的年化回报率为 12%，暂时剔除经济增速和通货膨胀等不可测因素，那么预期未来通过合理的仓位管理和有效的超额收益策略去实现 13% ~ 20% 的年化回报率，还是有可能实现的。把期望值降低一些，今后你遇到的都是惊喜。若一味地提高收益预期，使之成为几乎难以完成的目标，就完全没有计划的必要了。

二、 制定长期的战略框架

对于大多数人来说，资产配置应该首先以"期限"为纲要，将投入资金的期限与资产的期限做匹配。 股票资产的流动性最佳，但投资期限最长，适合以长期不用的闲钱做投入；债券有特定的期限，且票息稳定，更符合对于未来特定时间内有支出需求的钱做配置；货币类基金或银行理财产品的风险最小且流动性上佳，作为日常现金管理工具替代部分活期存款最为合适。

如果明明是长期持股，却还要为这个月的房贷和信用卡还款犯愁，月底前必须卖出一部分股票去支付账单；或者原本计划 20 年后用于养老的储备金账户，却长期储蓄在低息的银行存款，这些行为都是投资期限的错配。如何根据各类资产的特性，去进行投资期限匹配的主动性投资，构成了我们对于未来投资收益预期的最基本要素。在这个基础上，我们就能确定大致的投资范围和标的，并制定具体的资产配置框架了。

结合自己的生命周期和资金计划，参照各项大类资产的投资期限和特性在账户中分配具体的权重，是资产配置过程中一项非常重要且特别个性化的基础工作。 它也将成为你在未来一段时间内最核心的战略配置框架，切记不要轻易地去变动。

三、 中短期的战术配置

在构建了大致的资产框架之后，我们就可以根据当前的经济周期和市场环境，自上而下地对精选行业、挑选品种等工作进行细化，并制定更多的超额收益策略了。举个例子，某投资者根据自己的预期收益率和风险承受力，规划了以下资产框架：

境内股票市场65%；

境外股票市场20%；

债券市场10%；

现金储备5%。

以其中的境内股票大类资产为例，配置时须具体落实的工作还有很多。比如，如何适当分散地配置这65%仓位的资金，这包括主流板块和细分行业权重配比、各行业间的轮动时机、仓位浮动给到多少范围（放宽至50%~80%区间动态调节，根据市场环境低配或高配）、筛选具体的投资标的、什么节点开始建仓或止盈等。如果说构建最基础的资产框架只是长期战略配置，但给了我们范围可控的仓位指引的话，那么上述这些交易中的细节，就属于中短期的战术资产配置范畴了。

长期战略框架多是五年以上的长期规划，战术型配置多是中短期的策略。例如针对当前的市场环境做出临时性的小幅调整，使组合保持与时俱进。在上述两项基础上，再辅以超额收益策略，应该是投资者自上而下制定整体资产配置策略的完整步骤。

配置投资组合中的每一项大类资产都要经历上述步骤，通过

这些更加动态和细化的交易，可以获得比传统的资产配置投资组合更优秀的长期收益，甚至更稳定的净值走势表现。 如今，普通的个人投资者都可以很轻松地在网上找到各类经济指标和市场数据，那么动态结合市场各阶段的因子，就能设计出对各项资产的目标权重。因而制定个性化的战术资产配置，并没有很多投资者想象得那么困难。本书第六章会详细阐述如何实现超额收益。

四、定期回顾和总结

投资者有必要定期对上一个阶段的业绩进行归因，去充分了解投资收益或者亏损是来源于市场，还是决策失误，或者仅仅因为不可控的意外事件，这样有助于投资组合持续稳定地运作下去。

找到完美匹配自己的投资体系不可能一蹴而就，也许需要很长一段时间。**你可以让时间和实盘经历来慢慢引导自己，通过不定期微调你的系统，来逐步找到最适合自己的投资计划。** 在外部环境发生重大改变时，比如你和家人这一年来工作和生活上的变化，包括家庭收入是否稳定，风险承受力是否有变，获得一笔意外之财，或者意外支出后导致资产规模的大幅变动等，这些情况都可考虑针对性地调整未来的投资策略。适度调整是投资过程中不可或缺的一部分，也是完全能够接受的。

第三节　设定投资的长期目标

一、你准备什么时候退休

退休，是现代社会中一项重要的劳动保障制度。通常指的是劳动者由于年老，或丧失劳动能力后不再工作时，可以按照国家有关规定去领取养老金的一种生活状态。在现实生活中，或许你还未达到法定的退休年龄，就已经没有足够的精力再去从事先前高强度的工作了。久而久之，"退休"也就逐渐成为某些人眼中，可以放下烦心的工作，提前和家人朋友去享受生活的代名词。这就需要提前退休者具备足够的被动收入，去维持先前的生活水准。

被动收入，特指当你没有主动去工作时，家里仍有多余的房产或其他各项资产，能够为你定期提供房租、派息、分红等源源不断的收入来支付日常账单。当这些被动收入足够覆盖你全部的家庭开支时，这就是大家所理解的"财务自由"。这时候你可以选择继续工作，或者并不是纯粹为了金钱，而去从事自己喜爱的工作，甚至允许给自己放一段长假去随时享受生活。这也意味着你的生活从此多了一种选择权，即可以随时享受退休的状态。所谓自由，就是人们对于生活的掌控度。

我们退休之后到底需要多少钱，才能够生活的比较自在呢？或者你什么时候才能提前退休呢？这完全取决于你和你的家人，届时究竟准备过什么样的生活。在开始这个话题之前，我们先来看两个关于退休的投资概念。

二、养老金的替代率

人们在办理正式的退休手续之后，养老金收入往往会较参加工作时工资收入有所下降，好在大多数情况下，退休后的开支通常也会有所缩减。养老金替代率，是用来衡量所在地区退休人员生活水平的一项重要指标。顾名思义，它是指劳动者在退休后的养老金与退休前工资收入之比。例如某人在职时每月平均工资收入为12000元，在当年办理了退休手续后，每月领取养老金5400元，那么他（她）的个人养老金替代率就是5400/12000＝45%。还未达到法定退休年龄，或尚未开始领取养老金的提前退休者，那么他（她）的养老金替代率就暂时为零。

如果您之前从事的是比较热门的行业，或者是企业高管，工作时的收入和福利会高出社会平均值很多，那么退休后的养老金和先前工资收入相比，恐怕也会大幅度的缩水（如图4-1中的B收入曲线）。再比如您是收入中等，但工作特别稳定的公务员或教师，退休后的养老金待遇也比较好，那么养老金替代率自然也会比较高。不同人群的养老金替代率非常分化，但大多数情况下都会在20%～80%区间。

据中国社科院发布的《社会保障绿皮书：中国社会保障发展报告（2019）》指出，中国城镇职工基本养老保险已经陷入"高名义缴费率、低替代率和低可持续性"的尴尬境地，不到20年的时间，整体的养老金替代率由2002年的73%降到近几年的50%。另据日本政府预测，2040—2050年，日本的养老金替代率也将下滑至45%～50%左右，2050年之后日本政府养老投资基金会逐步耗尽，该数据会下滑至40%以下。我国在2020年前后的人口结构与日本1990—1995年的情况比较相似，随着今后国内老年人口比重的不断增加，潜在的劳动力也将从2022年左右迎来较大幅度的下行，由此可见我国的养老金替代率也会呈现进一步下滑的趋势。

既然你我都无法保证退休之后的养老金替代率到底能达到多

少,那么现阶段最值得去努力的,就是趁自己还年轻,尽早去积累下一笔足以应付退休生活的积蓄。如果退休之前的收入越高,那么养老金替代率就可能越低,需要为退休计划做准备的压力也就越大。如果期望退休后的生活品质,不至于因为工作的停止而下降过多,那么养老金替代率最好还是想办法维持在70%~80%的水平。养老金不足的部分,就需要依靠你年轻时积累下的退休储备金去做额外填补了。这就引出了下一个话题,每年从退休储备金中提取多少钱才是合适的?

三、退休储备金的提取率

1994年,美国麻省理工学院学者威廉·班根(William Bengen)提出了著名的"4%法则",即自你退休开始,每年从已有的退休金储备中提取不超过4%的本金,那么就可以实现这笔退休金到死都花不完。按照这个"4%法则"我们能推算出:当你手中可供投资的资金已经相当于家庭每年开支的25倍(1÷4%)时,那么你就已经基本达到了可随时退休的最低门槛。或者也能理解成,当可供投资的资产离这个数值越近时,你距离财务自由也会更近一些。

这是一个不错的思路,但这个"4%法则"终归只是海外市场环境下的理想数据。因为按以上提取方式,还有一个附加条件:如果退休之后的通胀率有所波动,那么你仍需持续根据每年实际通胀水平去调整这个提取率,即4%只是期初的提取率。我们国家作为新兴经济体,长期要应对更加复杂的经济环境和波动更甚的通胀水平,再综合考虑到我们的预期寿命在未来很可能会进一步提高,若我们仍把逐年的提取率设定在4%,或许还是偏多了。

剔除通胀的因素,"4%法则"说明该投资组合可正常维持25年的日常花销。但如果你的投资收益率长期大幅跑输实际通胀水平了呢?现实很残酷,长期跑赢实际通胀水平的投资者其实并不是很多。

以表4-1为例,假设实际通货膨胀率为6%,而投资者却只能实现每年4.5%的长期回报率,那么等于每年提取4%之后(每100万元资金,每年提取4万元用于开支),实际该笔资金平均每年会折损5.5%的购买力(6% - 4.5% + 4% = 5.5%)。即便名义上的投资收益率(4.5%)大于每年的提取率(4%),这笔资金也只能够维持到第21年。

表4-1 储备金提取模拟公式1

(单位:元)

年	每年初市值	年提取4%	提取后余额
1	1000000	40000	960000
2	1003200	42400	960800
3	1004036	44944	959092
4	1002251	47641	954611
5	997568	50499	947069
6	989687	53529	936158
7	978285	56741	921544
8	963014	60145	902869
9	943498	63754	879744
10	919332	67579	851753
11	890082	71634	818448
12	855278	75932	779346

(续)

年	每年初市值	年提取4%	提取后余额
13	814417	80488	733929
14	766956	85317	681639
15	712312	90436	621876
16	649861	95862	553998
17	578928	101614	477314
18	498793	107711	391082
19	408681	114174	294508
20	307760	121024	186736
21	195140	128285	66854
22	69863	135983	-66120

注：表中数据按年提取率4%，组合年回报率4.5%，实际通胀率6%测算。

在提取比例上，投资者或许还会忽视年龄的因素。35岁左右就已赚到第一桶金，梦想着提前退休去享受生活的小伙和一位60岁已办理退休，开始正式领取养老金的大叔相比，两者显然不在同一起跑线上。前者还很年轻，即未完整地经历家庭开支高峰期，距离法定退休领取养老金的年龄还剩数十年。如果仍参照每年4%的比例从储备金账户中提取开支的话，那么生命存续期更久的年轻人明显会处于劣势。

为了更好地覆盖掉以上这些风险，确保不会在人生的中后期提前耗尽所有储蓄。**我给出的建议是：假若你已过法定退休年龄，并开始定期领取养老金，那么退休储备金的年提取率不妨设在每年3%~4%；如果你只是人到中年，那么很有必要把退休储备金的年提取率降低至2.5%~3%，即等到可投资金积累至相当于家庭年开支的33~40倍之后，再去评估提前退休的可能**

性。如果你更年轻,那么考虑到这个投资组合必须维系你和家人今后整整半个世纪的生计,这个变数就太大了。同时考虑到年轻人的职场空间一般也比较大,不太建议普通的投资者过早依靠资本去维持今后的生活。

参照以上逻辑,我们同样可理解成,现在每存下1万元到自己的投资账户,就相当于拥有了一个每年至少可创造250~300元的现金流,并且是能够永续的资产组合包。假若能时时刻刻这么想,你就会在投资初期珍惜每一分钱。也许各位读者看到这里,是不是觉得知道这些已经有些晚了。没有关系,种下一棵树最好的时机是10年前,其次就是现在!

举例:假设之前每月的平均工资收入为12000元,在今年办理退休手续后,每月领取养老金5400元,养老金替代率为5400/12000=45%。若现在你的手里已存有一笔250万元的专项退休储备金,那么按照每年3%的提取率来计算,折合每月可提取6250元(250万×3%/12)用于开支,那么养老金替代率将提高至97.08%[(5400+6250)/12000],已经基本与工作时的收入相当,从而大幅提高了退休生活的品质。也正因如此,随着你越来越接近退休年龄,消费逐步缩减和养老金的填补等多重因素叠加,理论上实现财务自由的目标值也越来越低。

最后需要提醒的是,当你进入定期从储备金账户提取资金的阶段,那么配置的资产组合也应该足够稳健。稳定的现金流收入和风险可控的回撤率,方能保证投资组合的永续性。例如你重仓布局在股票市场,设想着未来十年时间做一轮预期年收益15%的长线投资,却因为在退休开始后的前五年不幸经历了漫漫熊市,这笔钱很可能在市场尚未起色之前,就已经被每年无法避免的家庭支出而消耗殆尽了。对于有持续资金流入的定投账户来说，在刚开始投资的前几年经历熊市会让整个投资计划更加完美，但对于需要定期抽取资金的养老账户来说，这很可能变成一个灾难。

四、 退休时我们需要准备多少钱

不论是退休储备金，还是财务自由的终极目标，想必很多投资者都曾经预想过一个大致的数值。但每个家庭的生活标准存在着巨大的差异，即便这是一个可以量化的目标，大家也很难达成统一的共识。或许你永远都不会对自己拥有的财富感到满意，这很正常，毕竟欲望无边界。有趣的是，在现实生活中越是投资知识匮乏，同时资金有限的人，对于财务自由的目标也可能越不靠谱。比如某月薪5000元的人，甚至会认为现在给他三五个亿才算得上财务自由，或许正因为他从未考虑过实现这个财富目标的具体路径，才会在类似问题上显得如此不切实际吧。

那么落到实处，关于退休时（或者财务自由）我们到底需要准备多少钱呢？要说这个目标到底是几百万元，还是几千万元，或许对于很多人来说还是没有概念，不如把它和每年自家的支出结合起来看，会相对简单许多。**最终这个目标值会取决于以下几个变量：未来的家庭开支水平、通货膨胀水平、投资收益率。**

1. 未来的家庭开支水平

以我记账十余年的亲身经历和身边朋友圈的了解来看，绝大多数投资者都大大低估了每年的家庭实际花销。记账并不是让你就此降低当下的生活品质,而是为了能大致推算出未来若要满足同样的生活品质,那么退休时至少需要积累的财富底线。当然,若能够通过记账的方式去发现某些并不值当的冲动型消费,帮助日后缩减类似不必要的开支,那就更好了。随着技术的进步,我们已经迎来移动支付时代,这也使家庭记账变得更加轻松了。

假设退休或财务自由之后,我们把退休储备金的年提取率设在3%,那么这笔资金必须达到相当于家庭年均开支的(1/3%)33.3倍以上。若正式退休后的养老金收入,还能抵消至少70%的家庭开支,那么把这笔储备金积累到年开支的10 [1/3% × (100% - 70%)] 倍左右就差不多了,这是比较容易量化的目标值。**各位投资者也不必把这个数值当成提前退休,甚至财务自由的终极目标,这只是一个大致的方向。**当你积累的可投资金距离这个数值越来越近时,自然会距离财务自由更近一些。

值得注意的是,以目前的家庭开支去预测若干年后的家庭开支水平,仍需要考虑很多变量。比如你和家人计划退休之后在哪座城市生活,以及随着年龄增长;家庭开支中的结构性变化等,这些都是需要提前进行考量的。另一个不确定因素就是未来的通货膨胀水平,每年家庭开支也会水涨船高,因此这是个每年须动态更新的数值。这一点看似我们很难去把控,但可以通过有效的投资方式去对冲,下一节我们会详聊。

2. 通货膨胀水平和投资收益率

即便我们现在存够了相当于家庭年开支33.3倍以上的退休储备金,其实也很难轻言财务自由。因为在漫长的投资过程中,我们还要面临两个最大的变量:未来的通胀水平和实际投资收益率。

如果你的长期投资收益率至少能追上通货膨胀水平,那么实现财务自由的计划会变得相对更简单。只要你在年轻的时候努力积蓄并进行合理的投资,把财富规模积累到这个目标值就行了,因为即便这是一个会随着通胀水平上升的目标金额,但由于你的投资收益率能追上通胀率,实现目标的过程会变得相对简单。但如果你的投资收益率始终落后于通胀率,甚至大幅跑输,那么恐怕永远都填不满这个坑。不论是在财富积累阶段,还是已经步入养老阶段,我们都要在投资组合配置足够比例可以抵御通胀的资产。

再以表 4-2 为例,假设实际通货膨胀率仍为 6%,投资者将养老账户的提取率设在比较稳妥的每年 3%~4%,长期投资回报率增至 10%(持续跑赢通胀),这个增值速度已足够覆盖掉通货膨胀和每年的开支,那么这笔资金将永远都不会消耗殆尽,而且在以每隔 12~15 年的翻番速度继续滚雪球,真正实现了财富的永续,也即传统意义上的"财务自由"。

表 4-2 储备金提取模拟公式 2

(单位:元)

年	每年提取率 3%			每年提取率 4%		
	每年初市值	年提取金额	提取后余额	每年初市值	年提取金额	提取后余额
1	1000000	30000	970000	1000000	40000	960000
2	1067000	31800	1035200	1056000	42400	1013600
3	1138720	33708	1105012	1114960	44944	1070016
4	1215513	35730	1179783	1177018	47641	1129377
5	1297761	37874	1259887	1242315	50499	1191816

(续)

年	每年提取率3%			每年提取率4%		
	每年初市值	年提取金额	提取后余额	每年初市值	年提取金额	提取后余额
6	1385875	40147	1345729	1310997	53529	1257468
7	1480301	42556	1437746	1383215	56741	1326474
8	1581520	45109	1536412	1459122	60145	1398976
9	1690053	47815	1642237	1538874	63754	1475120
10	1806461	50684	1755777	1622632	67579	1555053
11	1931354	53725	1877629	1710558	71634	1638924
12	2065392	56949	2008443	1802817	75932	1726885
13	2209287	60366	2148921	1899573	80488	1819085
14	2363813	63988	2299825	2000994	85317	1915677
15	2529808	67827	2461981	2107245	90436	2016808

本节内容简明扼要的小结

(1) 根据每年的家庭开支，制定未来的财富目标。

(2) 预期的投资收益率，应对标实际通货膨胀率。

(3) 实现目标的时长，取决于投入和实际投资收益率。

简单的例子：假设你的财富目标是33.3倍的当年家庭开支，家庭开支约占每年收入的60%左右，那么此目标也相当于20倍的家庭收入（33.3×60%）。如果你的投资收益率与通货膨胀率持平，那么为了实现这个终极目标，就需要在漫长的职业生涯中硬生生地存下相当于20年的家庭收入；如果投资收益率可以跑赢通胀率，那么将大大地缩短这个积累周期；如果你只是把职业生涯中的大部分工资性收入简单储蓄到低息存款，却从未考虑到通货膨胀对这笔资金的蚕食，那么这个财富积累也许会变得遥遥无期。

第四节　个人投资者的仓位管理

通常可以把资产分成两大类：权益类资产（风险资产）、债券或现金类资产（安全资产）。我们平时所说的仓位，特指权益类资产在总资产中所占的比例。当前配置多少仓位，代表了投资者对于市场未来的预期和相匹配的风险承受能力。**仓位管理是一门艺术，也是投资制胜的法宝，尤其在做大类资产配置的时候。**

一、首要任务是盘点可用于投资的资金

在开始投资之前，我们需要做的第一件事，就是清点手头能够用于长期投资和资产配置的资金。 正因为非常多的个人投资者忽视了这一点，才会导致把仓位管理得一团糟。

比如，某位投资者先前有一笔总额为 100 万元的闲置资金（银行低息存款），决定先取出 5 万元进行投资。待这笔钱转入证券账户后，随即全部购买了股票，问他现在仓位几何？他（她）会回答你：满仓。待行情稍许回暖之后，继续从闲置资金中取出 10 万元再次加仓，那么此时仓位又是多少呢？他（她）还是会回答你：满仓。或许这位投资者甚至会认为自己的投资风格比较积极，其实即便经历了加仓，他（她）的整体仓位始终未及两成，这应该是很多投资者对于仓位的理解误区。

科学有效的仓位统计，应当是将你目前持有的风险资产（权益类），去除以可用于投资的全部资金，这样的得出的仓位才是比较真实的数据，如此方能全局性地规划长期投资方案。个人投

资者的财富很可能分布在不同的银行、基金交易渠道，或证券公司名下，整体仓位数据无法通过某一家交易机构的 App 来告诉你，仍需要投资者自行统计汇总。

二、 资产配置之设置仓位区间

1. 目标生命周期策略："100 法则"

大多数人都会高估自己把握投资的时机和选股的能力，甚至对仓位管理也有莫名其妙的自信，经常在满仓和空仓之间随意切换。仓位管理是很个性化的投资方案，无论是 20%、50%，或是 90% 都说不上是绝对偏高了，还是偏低了，这应该是每位投资者自己的计划，也取决于你想多接近市场基准。关键就在于当市场上涨的时候，该仓位配置能否帮你实现预期收益；而在下跌的时候，你又是否能够承受？要是我们知道了自己的风险承受力，并且可大致预测未来的收入状况（现金流），以及距离计划退休的年龄大概还有多久，每年可攒下多少资金可供于投资，诸如此类等，就能把资金布局在各阶段的节点上，从容地分散自己的风险敞口。

目标生命周期策略中有一个"100 法则"，即用 100 减去你的年龄，剩下的数字，就应该是你投资风险资产时比较合理的仓位百分比。对于暂时没有仓位管理概念的投资者，这是一个可以拿来现学现用的仓位管理指标。例如你今年 25 岁，那么把可投资产的 75%（100% − 25%）全部投资于股票等权益类资产，对他来说 75% 就是"满仓"；假如你今年 50 岁，那么就可以投资其中的 50%（100% − 50%）；如果小孩子每年的压岁钱正由你代管，若干年后才会用到这笔钱，那么择机 100% 仓位也完全可行。

"100 法则"看似简单，其实蕴含了丰富的投资哲学，将投资者的年龄和风险敞口（仓位比例）进行了有序结合，因而大多数人都适用这个公式。年轻人有更长远的未来去回收人力资金，能承受更高的风险，可以趁年轻寻求更积极积累财富的方式；而年龄越大，挣取人力资本的时间就越短，抗风险能力也越低，所以需要构建更加稳健的投资者组合，去保证晚年生活无忧。图 4-2 模拟了普通工薪族在整个生命周期中的收入和支出曲线。

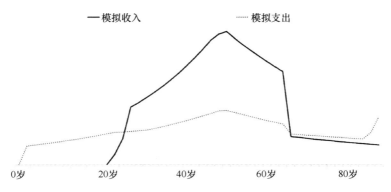

图 4-2　生命周期中的收入和支出曲线

暂不考虑其他大额意外收入的话，普通投资者职业生涯的总收入减去家庭支出得出的值，即构成了我们这一生能够用于自由支配和用于投资理财的所有资金（见图 4-3）。

假设某位投资者今年 25 岁，参照 "100 法则" 配置了 75% 的仓位，但这个时候应该刚参加工作不久，积累的资产还非常有限，按 "100 法则" 对应的 75% 仓位只占了整个职业生涯很少的一部分，如果未来几年的现金流收入比较稳定的话，就有必要进行更加积极的投资了。因为即便遭遇了大幅度的回撤，暂时损失的也只不过是极小的一部分（对应图4-3中A区域），这在整个投资生涯中都是微不足道的，未来仍有大把的时间去参与一轮又一轮周期。而年老时30%的仓位（对应图4-3中B区域），恐怕会比年轻时满仓持有的风险资产还要多上好多倍。

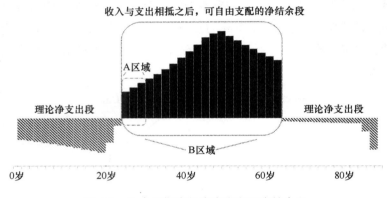

图4-3 生命周期中的净支出段和净结余段

于是市场中还有"110法则""120法则"等类似的投资建议，也是基于同样的思路。**仓位决定了你未来的收益和风险，达到什么程度才是让你最舒服的，这点非常重要。**"100法则"作为一个关于仓位管理的初步设想，各位投资者可以在对市场和自己进行更深入的了解之后，做个性化的定制。关于年轻时是否有必要启用杠杆工具，本章的最后会提及。

此外"100法则"的设计初衷，是假设投资者一生所挣的财富最终都以会花完为前提的。众所周知，大部分国人还是期望能将一部分财富传承给子女，那么在退休阶段"100法则"也许又会显得略保守。比如某位投资者60岁，按"100法则"建议仓位在40%，在人均预期寿命继续增加的预期下，假设他（她）活到90岁，那么在此后的30年还须经历仓位从40%逐步调低至10%的过程，长期低仓位的运营很容易使这笔钱的购买力在晚年被通货膨胀稀释掉很多。

因此，如果退休投资者的资产规模已达到一定规模且养老保障比较到位，同时在有生之年并未打算花完这笔钱的话，那么建议不妨优化一下公式，比如改用"130法则"，或者制定个性化的路径来规划整个生命周期的投资（见图4-4）。

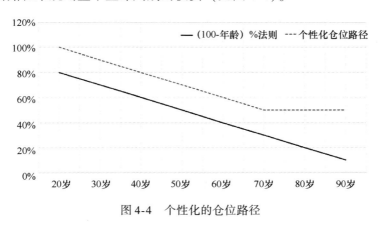

图 4-4　个性化的仓位路径

2. 仓位浮动区间

无论是"100法则"，还是"130法则"，都只是仓位管理过程中的一个大致的长期战略框架，投资者应把它理解成一条的风险警戒线，时刻提醒自己在交易时不要随意去越线。但在投资过程中，并不是让我们去刻板执行。比如投资者按计划给某项资产配置了30%的仓位，但恰逢行情比较火爆，初始配置后也许它会一路涨到31%、33%、35%，甚至40%，那么在每次刚超限30%时就立即去执行止盈，会使得整个交易过程过于烦琐且没有让利润充分奔跑起来，显然是吃力不讨好的投资方式。这就需要投资者去设定一个可以容忍迟滞的仓位区间，迎合实战的需求。

通常有以下两种方式来应对实战过程中的这种仓位浮动现象。一是通过定期的动态再平衡去解决，即不论涨跌如何，投资者都要等到下一次计划调仓的时间节点，再对这项资产进行回归30%仓位的再平衡操作；二是设置仓位区间范围，例如将上述初始配置30%仓位的资产设定±5%的区间，即25%～35%，在超过35%上限时适当卖出，或跌至25%下限时适当买入，回归至30%仓位初始目标。由于第一种方式无须时时刷新仓位数据，应该更适宜个人投资者。

3. 根据市场的估值动态调整

当市场人声鼎沸时，购买同样的资产需要支付更多溢价，此时配置风险资产的预期收益率会降低；而当整个市场估值走低，大家都失去信心的时候，买入更多的风险资产可有效提升未来的预期收益率。**根据股票和债券等市场的情况变化，对仓位进行动态的调整，不失为最明智的选择。**

市场中总有遍地泡沫的狂热期，比如中国A股2007年全市场遍地市净率超过10倍、市盈率超过100倍的投资标的，虽然这种一眼见胖瘦的机会并不会经常出现，但投资者要考虑到漫长的投资生涯中总会有出现的可能性，届时就很有必要人为进行二次干预了。落实到实战，假设某位投资者今年40岁，根据自己的现金流和风险承受力，选择了130法则，即现阶段的风险资产仓位基准为90%。在此基础上进行了战术细化，另制定三档根据估值调仓的阈值：市场低估时满配90%，估值合理区间标配80%仓位，泡沫区间则低配60%仓位，甚至更低，这就是个性化的动态规划。

例如，当合理区间时配置了80%仓位的权益类资产，在经历暴涨后仓位变成了90%，甚至更多，此时恰逢动态再平衡的节点，投资者可以对持仓进行评估，如果判断市场估值仍在合理区间，说明主要利润是由资产的内在价值增长贡献的，按计划调回标配的80%仓位即可。要是判断此时市场估值已非常高估，那先前的利润主要是由市场情绪提升贡献的，那么不妨将该项资产调至低配。各位读者可根据第二章的内容，设计估值和仓位结合的仓位体系。

表4-3为比较典型地结合市场估值动态调整仓位的配置框架。每当股票市场较高估的时候，逐步调至低配，将腾出来的资金换成债券或现金类资产等，投资者还可以根据自己的需求再去细化（比如股票头寸中的价值和成长、大盘和小盘等）。

表4-3　结合市场估值动态调整的仓位管理

资产分类	低配时	标配时	高配时
境内股票	35%	**50%**	70%
境外股票	10%	**15%**	20%
债券类	5%	**20%**	30%
现金储备	5%	**10%**	20%
贵金属配置	2%	**5%**	10%

需要注意的是，毕竟这是一种适度择时的投资方式，会夹杂很多人为或主观因素。建议各位不要过于依赖自己择时的能力，**去肆意放大仓位上限和下限的跨度**。例如，不同年龄段的投资者，不妨将仓位设置在15%~30%、50%~70%、60%~90%等诸如此类的调节区间。但如果是为了实现更高的收益率，去将仓位设定在诸如0~100%如此极端的区间，潜在的风险也会呈几何级的上升。**大类资产配置时要尽量规避频繁调仓，完全依赖择时，长期容错率并不高的体系，并且遵循一个简单的原则：如果我们可以承担最坏的结果，才可以去冒险。**

三、是否有必要融资

虽然很多专家建议尽量别借钱投资，或者即便有负债也要尽早地去偿还借款。但年轻时为了能更有效利用资金和人力资本的优势，理性地看待杠杆工具，适度接受融资，应该成为一种可选项。日常生活中融资也无处不在，企业在进行业务扩张和开拓新项目时，通过银行贷款或发行企业债等方式融资，个人购置房产时办理住房贷款，经营的小店在生意红火时雇用新员工，这些方式其实都是在使用杠杆。以下是我使用十余年杠杆工具的经验，告知各位读者应该注意哪些事项。

1. 投资收益大于融资成本

融资会产生固定的利息支出，这会慢慢消耗你的本金。如果投资者预期的收益足以覆盖借款的利息，例如年均投资回报率为10%，借款利率为6%，那么自然可以产生年均4%的额外收益。

预期收益和实际借款利率之差,成为是否决定要融资的必要前提,两者差额过少,甚至为负时,即没有实现超额收益,反而徒增了投资风险,这笔借款就得不偿失了。

2. 未来的现金流可以覆盖这笔融资

大多数人有至少 30 年的时间去分散投资风险,年轻时应尽早地投资权益类资产,但此时往往缺乏资金,好在具备良好信用条件的年轻人,能够找金融机构按很优惠的贷款条件获得融资。此后随着收入和资产规模的持续增加,可以很自然地摊低融资在整个家庭资产中的比例,并在职业生涯最后 1/3 的阶段,或者退休之前的 10 年时间里,逐步远离杠杆工具,为退休生活提前做准备。**理论上个人住房贷款就会随着购房者年龄的增长,逐步减少贷款余额,这是一种完美的风险敞口收敛模式。**

那么在投资其他大类资产时,又该如何设置杠杆风险敞口的界限呢?借款的本质是向未来的自己提前预支一笔资金,我们要辨证地看待这个杠杆比例。**更好的方式是从究竟需要多长时间的现金流收入,才能覆盖这笔负债的角度去解析。**假设你现在的可投资金为 20 万元,每月收入为 1 万元,此时融资借款 6 万元,那么对应 130% 的仓位也没有什么大不了的,因为这笔负债仅相当于你未来 6 个月的收入。而另一位收入相仿,可投资金为 400 万元,已临近退休的投资者,此时如果对应同样 130% 的仓位,则需融资 120 万元,对他而言这就是一笔相当于 10 年净收入的负债,压力会倍增许多。

3. 波动率

我们常说，不要把股票的短期价格波动当成"投资风险"。但如果你通过加杠杆投资，那么"波动率"将成为一个隐患。尤其利用单一个股满融，使用超高的融资比例，或者期货、期权等隐含高杠杆的工具时，都会迅速降低投资的"容错性"。

过高的杠杆也许在某个阶段给你的财富插上翅膀，但同样会在危机时使你的资产组合弱不禁风。足够分散和均衡的投资组合、风险可控的融资比例等，都能够有效地降低投资组合的波动率。此外，在使用杠杆时也尽量切勿一次性就用完借款额度。融资额度本就是一种隐性的现金流，不妨留给更好的投资时机，或者发生紧急状况时。投资时多留个后手，好比给一辆全力冲刺的跑车，增加了一道缓冲的安全垫。

每个人对于波动性风险的理解或许完全不一样，但在大多数情况下，随着时间的流逝，高波动都会给融资者带来越来越不利的结果。一个优秀的投资者应该在投资之初，就已经设想好了自己可以承受的底线，并据此制订仓位管理计划，使用杠杆时亦是如此。**不管使用何种投资方式，"永续性"都应该是投资者须考虑的首要前提。**

投资归根结底还是时间和概率的结合。首先你要和时间做朋友，去选择长期大概率制胜的方式。一个正确的项目也可能因为过高的杠杆，而被波动率和融资利息搞垮。

4. 贷款和投资的久期

如同债券一样，任何一笔借款都有对应的偿还期限，这笔资金的投资期限也应该与之匹配。如果把短期借款用于长期用途，不论是个人投资消费，或是企业负债式经营，这类"短贷长投"的方式在特定时期下都是非常致命的。如今可供个人投资者融资的方式已经五花八门，假如投资者的借款靠的是场外民间融资，那么是否会被债务方提前追讨，借款到期后能否顺利展期等，这些都是投资者在使用这类借款时需要提前考虑的问题。

在整个投资过程中，始终对账户拥有充分的支配权也非常的重要。 行情低迷期间，肯定会有一部分投资者会在家人的质疑下，逐步丧失对家庭资产的实际控制权，此时被动的低位止损实则是一种另类的爆仓。曾有一位收益颇佳的优秀投资者在电视上说过，绝对不能让家人影响了自己的投资决策，想必他也有过类似的经历。

5. 杠杆工具的其他用途

个人投资者在使用杠杆工具时，不妨试着从经营企业的角度出发，去理解负债的意义。比如按照资产配置的理念，建议投资者永远不要将所有的资金投入市场，这会导致即便市场中出现再好的机会，也无法实现100%仓位。此时可适度借用融资，让风险资产头寸得以提高的同时，手里永远有一笔灵活机动的资金，足以应对各种不可预测的极端情况或家庭开支。这类似于你在仍有100万元房贷余额时，手中保留20万元闲置现金，并不用急于提前还贷，也可以考虑进行更高效的投资，或者暂存在债券或现金类资产中改善家庭的现金流。**这就如同管理公司那样，持有现金储备和负债经营是没有冲突的，更值得关注的是现金流，杠杆理论在很多场合都是相通的。**

杠杆只是把人性给放大了，特别是大多数人都在大牛市时，受身边环境的影响匆忙下加的杠杆。**是否使用杠杆工具，应该在投资之初即慎重考虑，别轻易在途中临时决策，去改变投资计划。**

从生命周期角度来看，杠杆的使用会有一个比较矛盾的地方。即当投资者入市不久，资金最匮乏的时候，才更迫切需要杠杆工具来助力，但此时投资经验和情绪控制等方面往往又是最薄弱的。好比有些青年创业者，自己还没有准备好就为了实现创业梦想去不惜一切代价高息负债经营，胜出的概率并不会高。而当投资者逐渐成熟之后，个人财富也初具规模了，此时过度使用杠杆又可能意味着不可控的风险。年龄和杠杆，成为一对矛盾体。

融资好似一把双刃剑。"杠杆式投资"的确来钱更多、更快，但人的欲望总是无止境的，对于那些不善使用杠杆工具，或者不够理性的投资者而言，这一方式提高了他们的破产风险。 即便这次投资成功了，也很容易使人继续路径依赖，老话说得好"戒赌不易"。如果太顺利了或许不见得是什么好事，会让你失去警觉，被市场干掉的概率也会大增。以上我列举了杠杆投资方式的种种特征，您是否还考虑使用杠杆呢？想必各位读者心中自有答案。

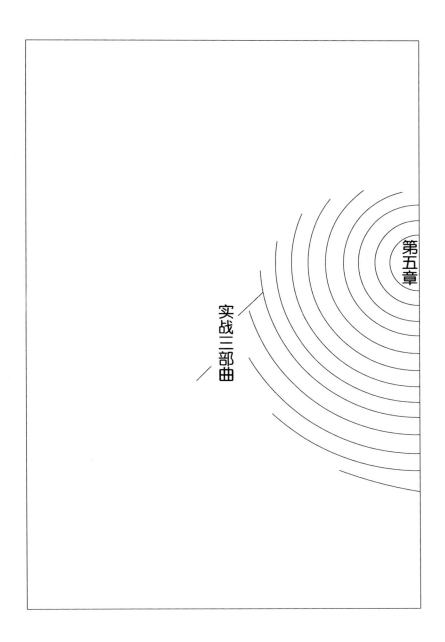

第五章

实战三部曲

人生就像是一场旅行，每一程都会有不同的精彩。

远古时代的人类，通过狩猎获得的食物，只能保存很短一段时间，现代的金融体系给了我们一种储存劳动所得的最佳方式。现代社会中绝大多数的普通人都可以在幼年时期接受良好的教育，培养正确的价值观，乃至学会谋生的技能。从经济层面理解，不妨把在这个塑造未来人生的阶段，看作是对今后人力资本的投资（不论是金钱，或是时间和精力方面），这也是暂时没有产出的培育阶段，通常我们会在20~30岁之前完成。在此之后，每个人的投资生涯几乎可以贯穿一生。

据国家统计局的报告显示，2017年中国人均预期寿命为76.7岁。医学权威期刊《柳叶刀》(*The Lancet*)杂志的一项研究预测，在保持现有健康卫生趋势的条件下，2040年全球158个国家的人均预期寿命将延长至少5年，届时中国的人均寿命也将达到81.9岁。由此推算出，大多数投资者可以独立自主进行投资的时间跨度，基本上都会超过50年。两组日常收入和开支相差不多的家庭，完全可能由于彼此投资方式的迥异，拥有的财富在数年之后，就会在复利的作用下产生非常大的差距，更何况投资还会持续数十年之久。

其实想要在一生的时间中获得投资成功，并不需要超群的智慧、非凡的商业远见，或者什么内幕消息，一个能够帮助自己做出有效决策的知识框架，外加上适量的本金，足矣。我从早期的股票投资，再到开辟新战场定投指数组合10余年，赚取第一桶金，直至现在人过中年，进行更均衡的资产配置。与此同时，我还为家中老人长期打理保守风格的低风险策略账户，构建安逸的老年生活。**我切实感受到，稳健的投资完全可以使生活变得更加**

美好。本章内容也把每个投资者的一生，拆分成三个不同的投资阶段进行完整的资产配置规划，希望这些成功经验能够起到抛砖引玉的作用。

第一节　年富力强：全力定投

年轻意味着梦想和活力，同时拥有了最宝贵的财富：充裕的时间。

精力旺盛、好胜的年轻人，即便早早经历了失败也可以随时从头再来。从投资的角度来看，个人投资者在这个阶段可以回收的人力资本至少在 20 年以上，便于采用各种多样化的投资方式。但其实在参与投资时，年轻也并非全都是优势。虽然现金流上佳，但人生阅历和投资经验都刚刚开始积累，容易对这个世界以及资本市场缺乏必要的敬畏。我试着穿越回自己年轻时，和大家分享经历过的一些投资误区。

一、享乐主义，还是节俭主义

全国性的普遍性奢侈的唯一起因便在于财产分配的严重不平均，这就使许多人能够穷奢极侈，享尽荣华富贵；而另有一部分人却生活困苦，处境落魄，连必需的物品都远远得不到满足。于是，一方面有人因为富有而深受膜拜，另一方面又有人因为贫穷而横遭冷眼。两个极端之间的鸿沟深不可测，完全可以预料处于两个极端之间的大多数人，必然会不顾自己财力的限制，纷起效仿人类中那些深受膜拜的富人，结果便出现了危害社会的奢侈这一概念。

以上文字出自1734年出版的《货币万能》，这种社会现象在现实生活中不断地得到印证，不得不叹服作者雅各布·范德林特（Jacob Vanderlint）早在200多年前就对现在崇尚的"消费主义"有了如此清晰的洞察。

法国社会学家让·鲍德里亚（Jean Baudrillard）在1970年《消费社会》一书中重申了类似的观点。消费主义是一种生活方式：消费的目的已经不只是为了实际需要的满足，而是在不断追求满足被制造和刺激起来的欲望。当消费成为一种流行的符号，获得这些符号才有被社会认同的感觉，那么超过自身能力所及的消费行为，势必成为当下社会的普遍现象。

花钱能够带来幸福感，存钱则增加安全感。不论你更偏向哪一类，都是出于人性的选择，无可厚非。近几年，那些原本勤俭持家的国人，在崇尚及时享乐的年轻一代面前，显得有点格格不入。网络上冒出的热词，比如无产中产阶级（Middle-classish Proletatiat）和隐形贫困人口（the Unexpected Poor），就是形容某些年轻的普通工薪族，因为执迷于中产阶级的审美需求和消费习惯，过上入不敷出的生活。作为最具消费潜力的群体，他们过着看似光鲜亮丽的生活，本质上是依靠出卖有限的劳动力在赚钱，而奢华的消费方式并没有换来通往上层社会的通行证，再也没有多余的闲钱去做投资，始终是一个未曾拥有多少固定资产和生产资料的无产阶级。大众热衷于模仿上层阶级美好的生活方式，自我消费的不节制确实促进了经济发展，可他们自己的未来呢？

现实生活中的绝大多数人，不过是公司里的一颗普通的螺丝钉，而不是什么发动机。离职时老板的极力挽留，恐怕只因为你是同岗位中最便宜的那一个,而螺丝钉迟早是会生锈的,几乎谁都可以被替代。很多年轻人正值青春年少,工资收入仍在高速增长中,丝毫没有意识到我们终将老去,早晚会被社会抛弃的这个客观规律,未必能理解"未富先老"的悲伤和无助感。千万不要以为这是在给读者增加焦虑感,社会的残酷使我们必须时刻保持危机感。

老话说得好:由俭入奢易,由奢入俭难。消费习惯的确有棘轮现象,即当你的消费一旦达到了某个水准之后,是很难再降回去的,除非收入遭遇了断崖式下滑,只能被迫砍去开支,所以我们更应该在年轻时就对个人消费进行适度的克制。当然并不是让大家一味地去延迟满足和过度节俭,除了保证日常生活必需之外,比如孩子的教育、父母健在时尽孝、患病后及时医疗、体力充沛时的旅行、达成小目标后犒劳下曾经的付出等,这类消费是没有必要延迟的。我们应该倡导在适度享受当下生活的同时未雨绸缪,为未来做更好的打算,而对家庭收入和支出进行有序的规划和安排,是生活中的一门艺术。

我们所处的环境和文化背景,都可能会影响你的消费观。例如在非洲,以及英国、美国、澳大利亚等国家已普遍实行周薪制,虽然这有助于员工保持良好的工作热情,提高劳动生产效率,但与此同时每周发放薪水让大家更容易去即时消费。参考这些国家的消费数据,与月薪制相比,周薪制降低了5%~10%的居民储蓄率。据美国的统计,亚裔会将47%的收入用于退休储蓄和投资,而在美国出生的亚裔这项数据会降至36%。

再诸如国内日渐普及的网购和移动支付,大家已经不用像以前那样从钱包里掏出现金去购物,这样也大大降低了支出的痛感，很容易不由自主地去超前消费非必需品。此外，在身边朋友群体欲望攀比，以及在媒体和商家的广告不断怂恿等"消费主义陷阱"下，都会让消费者潜移默化地改变消费理念，让原本的储蓄计划变得非常脆弱。只有意志更坚定的人，才可能抵御这些群体性压力。

没有忧患意识，不做任何储蓄是很多年轻人的常见行为。可以预见的是，如果始终没有多少积蓄意味着你将永远工作，才能应付每月的账单，直到临退休领取微薄的养老金时，无奈地降低生活标准。尽早地定期储蓄，并进行明智的投资，这是普通工薪族为数不多的可以改变命运的最有效方式。暂时还没有学会投资理财怎么办？没有关系，就先从存钱做起！你存入的每一笔金钱不只是数字，更是美好生活的开始。

二、有效积累财富的方式：定投

荷兰社会心理学家吉尔特·霍夫斯塔德（Geert Hofstede）提出了一个衡量不同国家文化差异的框架论：文化维度理论，其中有一项关于长期导向和短期导向的维度。长期导向指的是注重培育长期的收益，提倡节俭和储备，放弃眼前的利益以换取更长期的利益。短期导向则相反，注重当前的收益和享受。在借鉴了加拿大人彭迈克在 23 个国家和地区进行的华人价值观调查后得出，长期导向前五名的是中国大陆、中国香港、中国台湾、日本和韩国，可见全球范围内中国人最会存钱，也愿意为将来做长远打算。而美国、加拿大等西方国家多是偏短期导向的，他们更崇尚提前消费，所以基本没有什么存款，反倒有一大堆信用卡账单。

并不是所有投资者生来就会有一笔积蓄，在投资之初，我们先要做的工作就是积累本金。很多人对于收入的10%波动并不会那么敏感，但就是存不下这10%。如果你之前从来没有储蓄的习惯，那么不妨先从存下每月收入的10%开始，因为即便你不去存下这笔钱，恐怕不久之后也被花得无影无踪了。这笔钱应该归入你的长期投资计划，用来养老或作其他长远打算，除非特别紧急的情况都别去动用它。这笔储蓄不光会带给你自由，全程还会给你足够的安全感。

我记得小时候用过那种陶瓷的储蓄罐，把硬币塞进去之后，以后只有打碎了才能把积蓄取出来，这种方式很好地管住了手。但也有一个弊端，并没有让孩子理解投资的意义，此外这种简单粗暴的硬性约束，怕是在以后管理更多的钱时也起不到什么作用。**年轻时过度寻求资产账户的稳健，是会影响到长期投资回报的。所以我们这里说的储蓄，并不是传统意义上的银行存款。**

正所谓进攻就是最好的防守，年轻时的积极努力，才有可能换回年老时安逸的稳健。而年轻投资者另一种常见的投资误区，就在于配置了过多的现金头寸，使自己的风险资产头寸始终处于低位，购买力长期遭受大幅的折损。**对此我给年轻投资者的仓位管理建议是：在剔除掉足够支撑1~2年的生活开支之后，该阶段配置权益类资产的仓位中枢不要轻易地低于50%（除非现阶段资本市场正处于极度泡沫的阶段，那么才值得去暂时等一等）。**

投资毕竟是一种几乎没有门槛的行为，只要你有本金，就可以按照自己的思维方式去参与任何项目。新入市的投资者，有时候好比是一个匆忙投入战场的新兵，或许可以接受最激进的投资方案，但往往投资知识、技能和经验不足，甚至连风险承受力都无从了解，几轮过后遍体鳞伤。每一个时代的年轻人都会怀着一颗躁动的心，但风华之后并没有多少人可以继续随性的生活。回过头来看，在这个成长的过程中绝大部分年轻人随意挥霍了大把的机会，却始终没有找到有效的投资方式。

安全有效的投资，对于普通投资者来说不妨从两个维度去理解。第一个维度是持仓上的分散，就像标普500、沪深300那样的宽基指数品种，个人投资者可以在买入后迅速实现行业和个股上的分散配置，坐享经济的长期增速。第二个维度是时间上的分散，比如分期分批的买入或卖出。两者最大的区别在于，前者由基金经理来替你完成，而时间上的分散必须由投资者自己来做出决定，并执行。选择分期分批式买入指数基金组合，是将分散投资的两个维度进行结合，构成一种更加稳健的财富积累模式，相当于给投资上了一道双保险。

因此，我一贯认为，"定投权益类指数化组合"尤其契合那些事业上升期、现金流稳定，但投资经验还不够丰富的年轻投资者，这也是一个门槛较低且非常便于实施的半自动投资计划。最简单的方式，是从每月到账的工资收入中率先提出一定比例（比如10%~30%）存进专门的投资账户，在你把它花掉之前就提前完成配置。投资者可以把这项计划理解成另一份副业，好好利用参加工作后的第一个10~20年，这也是职场最黄金的时段，如果这个阶段未能完成有效的财富积累，那么以后只会更难。

需要提醒大家的是，定投虽然可以有效积累财富，但毕竟只是一种关于增量资金的布局方式。如果手头已经有一笔数额可观的资金，或者你有足够的魅力说服老板给你一次性预支未来10年工资的话，那么也可直接略过此章，直接参考阅读之后的"人到中年,均衡配置"。

三、什么是定投

定投是平均成本法的简称,即在定期买入固定数额的某项资产的方法。作为一种简易的投资策略,因为每期金额固定,意味着资产下跌时可以买到更多份额,资产上涨时买到相对少的份额,从而摊低平均总成本。以下列举定投的一些主要优势。

1. 长期坚持,持仓成本大概率低于均值

很多个人投资者的理解,或者基金销售平台的宣传都是:定投让你享有市场平均成本。实际上这里有一点小小的偏差,但我当初下定决心采用定投的方式积累财富,这一条也至关重要。图 5-1 模拟了四种比较常见的价格走势,对不同时期的定投持仓成本进行分析。实线是价格走势,虚线是同期进行定投的实际成本。

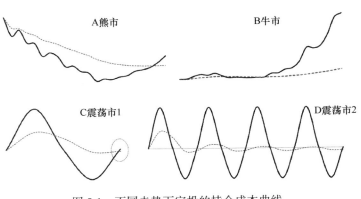

图 5-1　不同走势下定投的持仓成本曲线

A 熊市：假设在 2007 年，从上证综指 6124 点时开始定投该指数。其实这个起始节点非常糟糕，之后两年并没有走出完整的微笑曲线，只是反弹到距离顶部的一半高度而已。定投同样能够实现 23% 的收益率。

B 牛市：假设在 2013 年，上证综指探底 1849 点时开始定投该指数，之后几乎是单边的上涨行情。你会发现由于在牛市后期定投买入的份额较少，整体持仓成本抬高得并不多。同样两年的时间，定投的总收益仍可达到 95%。

C 震荡市 1：更多的时候，市场维持震荡的走势。模拟了一轮震荡周期，在经历同等幅度的涨跌之后，由于定投高点少买、低点多买的特征，期间即便不做任何择时，定投的加权成本也会略低于市场平均值。

D 震荡市 2：假设同样的震荡走势，重复经历了四轮呢？波动的次数越多，长期定投的持仓成本就会在后期越趋于均值，并在大部分时段贴着下轨运行。而定投期间振荡的幅度越大，经历的周期次数越多。例如像 A 股过去的那样牛短熊长，甚至采用合理的定期不定额等方式，定投的成本将被摊薄得更低。

通过以上回测和模拟，我们不难发现，无论是处于熊市、牛市或是震荡市：定投都是一种可以有效利用市场波动实现收益的策略。因为经济周期具有很强的波动性，而绝大多数普通工薪族具备相对固定且稳定增长的工资性收入，去烫平一个个市场周期，获得低成本优势，而机构投资者因不可控的流动性压力，完全不可能具备这种优势。

2. 超级省时省力、高性价比的盈利策略

或许很多投资者并没有认识到，资本市场中超过80%的时段是基本没有交易价值的。而有太多中小投资者，长期耗费了大量的时间去盯盘和交易，导致越忙反倒还越亏，更别说长期跑赢指数基准了。最简易的定投，每年12次×10分钟即可，全年加起来只不过占用了你数个小时。**作为普通的中小投资者，我们必须有一个基本的认知：你投入的时间和精力，也是一种无形成本。**

赚钱不是生活的全部，年轻人也应该趁自己还充满激情的时候，把更多的时间留给投资之外的事情，享受美好的青春年华。待投资经验和财富得到足够的积累之后，生活节奏也差不多慢下来了，同样可以继续优化定投和资产配置的策略，实现跑赢指数的目的。

3. 过程中更易保持上佳的投资心态

失败的投资通常是情绪化的交易导致的，但投资往往就是要反人性的。在定投的过程中，原先持有的底仓在市场上涨的时候可以享受资产增值；下跌时则安心等待下一期，可抄底买入更多便宜的筹码。这种匀速建仓的资金管理方式，有助于投资者缓解恐惧和贪婪的冲击，使得定投成为一种对抗人性弱点的绝佳方式，从而大幅规避了在泡沫阶段过度买入的风险。**投资者最终可以更从容地面对市场波动，保持更良好的心态，因而定投也是一种比较容易坚持的投资策略。**

4. 极高的普适性和容错率

众所周知，投资生涯的初期应该更多地使用高波动策略。强周期和高波动的品种的确给了投资者更多的可能性，当然也更容易搞砸。如果你对未来的行情还不是太有把握，那么通过定投的方式去分批建仓高波动率的资产，成本同样会越摊越低。做错了亏不了很多钱，但是做对也不会少赚。在这种情况下，定投成为一种容错性极高的建仓方式。

如图 5-2 所示，大多数投资者，也许想当然地认为期末净值更高的 A 品种会胜出吧。实际答案却是 B 品种！这还是在经过数轮市场高点时，未曾做任何止盈的前提下实现的。面对大起大落的高贝塔值品种，若采用定投的方式交易，甚至可以为投资者贡献超额收益，是不是有些意外？我们通过回测发现，2005—2020 年沪深 300 指数的定投收益率，甚至跑赢了同期长牛走势的美国标普 500 和纳斯达克 100 指数，正因为国内股市两倍于美股的波动率，使"定投"成为特别适应中国市场的投资策略。

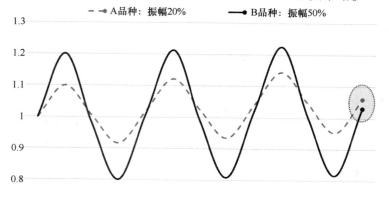

图 5-2 两种波动率产品比较

密歇根大学金融学教授 H. Nejat Seyhun 对 1926—1993 年美国市场所有指数的研究发现，1.2% 的交易日贡献了 95% 的市场收益。10 年后他将样本数据扩充为 1926—2004 年，得出类似的研究结果：不到 1% 的交易日贡献了 96% 的市场收益。

投资者都希望能够通过择时抓住市场中最好的那几天，并且足够幸运地躲开市场最糟糕的那几天，在市场中经历得越久，越能体会到谁都无法确保在这 1% 的时段自己必定在场，除非你去长期持有。很多新投资者从未经历过资产的大幅振荡，这段"痛苦"且漫长的定投经历，需要每一位投资者去亲身体验，并逐渐适应，最终接受并无必要去刻意回避每一次回撤的投资理念。

"定投"还会告诉投资者，"牛短熊长"的走势其实是一件多么美妙的事情。漫长的熊市会给了你长达数年，可以用自己结余的现金流，去持续低价买入优质资产的机会。工薪阶层逐月增量的资金收入与分批建仓的投资方式完美适配，长期坚持下，最普通的工薪阶层都很容易把财富滚出大大的雪球。最终通过这种"慢就是快"的方式，拓实了实现财富梦想的进程，对于今后有序地管理家庭资产都有很大帮助，也是一笔属于所有亲历者独有的财富。

四、关于定投的钝化

投资策略的钝化效应，指随着时间或形态的变化，使该投资方式逐步失去了早先的价值。

谁都可以在市场低迷的区域，继续定投或者分批买入廉价的筹码，以拉低持仓成本，这也使得分批建仓成为一种容错性很高的资金管理方式，应用非常广泛。举一个通俗易懂的例子：当投资金额在 1 万元时，如果暂时浮亏 40%，那么必须上涨 1/0.6 - 100% = 66.7% 才能够回本。此时投资者若继续拿出近期收入所得 1 万元逢低追加，那么就可以迅速摊薄成本，之后只需上涨 1/[(0.6+1)/2] - 100% = 25% 就能回本了；若同期仍上涨 66.7% 的话，就可以实现 [(0.6+1.0)/2] × (1 + 66.7%) - 100% = 33.4% 的盈利。但当你的财富雪球已经滚到 200 万元之后，再去找来 1 万元追加，会相对无济于事，毕竟不是谁都有这个实力能轻易再找来 200 万元进行补仓的。

定期定额式的建仓模型，在经历了数十期，甚至上百期之后，新增投入的占比会越来越小，追加的效果也会逐渐降低。增量资金建仓模型，在潜移默化中慢慢地转型成了存量资金管理。持续摊低持仓成本的优势正在逐渐消逝，实现超额收益的速度相比投资早期会明显降低，最终出现了钝化。因此传统的定期定额买入只有在最初那几年，才是最有效的资金管理方式。

如果投资者能够在定投的过程中逐步感受到"钝化"效应，那绝对是一件好事，说明你已经比以前更有钱了。只有两类人很难感受到钝化，一是炒了十几年，仍只有少量资金的投资者，失败的投资策略使他们始终无法感知到这个财富滚雪球的过程；另一类就是一夜暴富的暴发户，极左或极右的赌博式策略，需要的仅仅是好运气。

那么在定投的过程中，随着资产规模的变大，还有什么方式可以用来减缓钝化效应呢？对此要分下列两种情况来决策。如果在经历了这个由小做大的过程后，投资者已经基本实现了当初设定的财富目标，那么自然可以择机转型去做更多稳健型的策略，比如均衡型资产配置，或者将定投调降为辅助策略，甚至停止定投。

相同的投资策略，在面临同样30%的回撤率时，显然1万元和200万元需要投资者承受完全不同的市值回撤压力。而对于那些资金实力雄厚，现金流特别稳定，具备足够风险承受力，同时仍想通过定投继续滚雪球的投资者而言，还有一种方式可以有效缓解定投的钝化：价值平均策略。

五、 定投进阶： 价值平均策略

价值平均策略（Value Averaging），最早由历任美国纳斯达克首席经济学家、哈佛商学院教授的迈克尔·埃德尔森（Michael E. Edleson）在其1991年所著的《价值平均策略：获得高投资收益的安全简便方法》一书中提出的，投资大师威廉·J.伯恩斯坦将该书与格雷厄姆的《智慧投资者》和麦基尔的《漫步华尔街》相提并论。我自2011年起，基本上每隔5年左右就会进行新一轮的"价值平均策略"定投计划，期间也获得了比较满意的投资收益，所以把这种投资方式特别推荐给各位读者。

传统的定投是成本平均法，即每一期的定投金额均保持相同，投资者按定期定额方式，去规划长期的投资目标。而"价值平均策略"作为一种进阶版的定投方式，将资产市值的逐年增长率设为远期投资目标，每一笔投资定期，但不定额。举个例子，将每个月初定投的基数设为5000元，同时价值平均增速设为逐月递增1%，那么目标市值如图5-3所示。

投资者在此过程中须按计划的时间节点定期审视，并按事先规划的市值执行价值调仓，如果涨多了，那么参照价值目标计划减少投入，甚至止盈超额的那部分；若跌多了，则追投相应的资

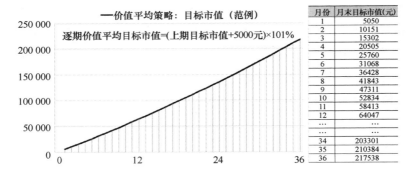

图 5-3　价值平均策略的定投模型

金去填补这个市值缺口。**价值平均策略的优势在于，为投资者提供一种可以简易量化的资金管理公式，通过机械化的交易进行逆向投资，进而克服人性的弱点。**

除此之外，普通的定投是买入并持有策略的一种形式，没有任何关于卖出的建议，而价值平均策略逢低点多投，高点自动卖出部分持仓的模式，进一步引导投资者在市场泡沫期进行适度的逢高止盈，从而实现长期超越市场平均收益的目的。

图 5-4 以沪深 300 指数为例，回测了 2011 年 1 月至 2020 年 12 月期间，按每月定投 5000 元为初始基数，价值平均增速设在 12%/年，本金按每年递增 5% 规划，每隔三个月进行一次价值平均调仓。投资者在此过程中始终按计划的目标市值作为调仓依据，进行调仓（买入或卖出）。

我们可以对比一下，价值平均策略与定期定额的主要差异。如图 5-5 所示，同样以每月定投 5000 元为初始基数，本金按每年递增 5% 规划。传统的定投是匀速式建仓，买入并长期持有，没有任何关于择时的指令，"止盈"需要投资者自行去另行计划。

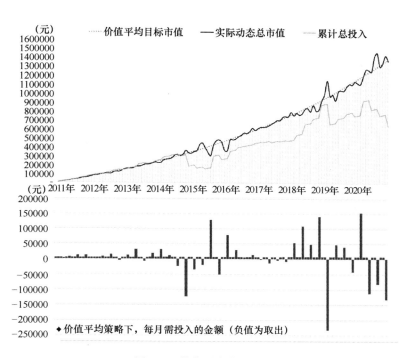

图 5-4　价值平均定投范例

图 5-5　定期定额买入范例

沿用图 5-4 和图 5-5 的定投模型，最后再来对比一下十年期的投资回报率，"价值平均策略"最终完胜没有做过任何择时的定期定额方式（见表 5-1）。

表 5-1　定期定额与价值平均策略的长期回报率对比

定投方式	期间累计投入（元）	期末市值（元）	年化收益率
定期定额	771816	1266635	10.54%
价值平均策略	642337	1363845	13.13%

价值平均策略作为定投的进阶版，在规划个性化方案之初，投资者须自定义更多阈值，这也是价值平均策略的设计难点。以下我根据自己的实战经验，罗列几条比较关键的要素。

1. 价值增长率

价值增长率的轨迹是设计个性化价值平均策略的核心参数。 众所周知，按资本市场的历史，股票市场长期基本都可以实现 8%～12% 的年化收益率，那么把价值平均增速统一设成这个区间，是否就一定合适呢？并非如此。假设一个长期年化收益率在 10% 左右的资本市场，那么我们把价值增长率目标设成 10% 左右，或许是合理的。但这一切，都只是针对估值合理下的资本市场。

以图 5-6 为例，经济总会有周期，当你在市场相对低估的区域（图标 A 处）开始价值平均策略，那么增长率大于 10%，甚至到 15% 都是合理的（当然，同样需要具备强劲的现金流去维持后续投入）。如果投资者在大牛市中才计划开始价值平均策略（图标 B 处），那么增长率有必要设得更低一些，甚至不建议再按照定投的方式去建仓，不妨可以等一等再说。

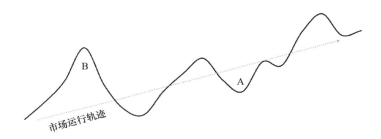

图 5-6 市场处于不同的阶段,规划不同的价值增长率

哪怕只是设想大致的增速轨迹,设置是否合理都需要对市场大致情况做出最基本的主观判断(参考本书第二章),这比较考验投资者的能力圈和投资经验。**价值轨迹初设的数值,只是投资者对于未来市场空间的一个大致的合理预期,设置得过低,长期积累的资产会偏少;设置得过高,熊市下的现金流不一定能跟上。**此外,这个数值与最终实现的投资回报率,并没有很大的关联。

2. 本金投入增速

考虑到通货膨胀和收入增长等因素,我建议年轻投资者在规划定投方案时,设置一个本金逐年递增的轨迹。本金投入增速与之前设定的价值增长率轨迹是两码事,前者看你的现金流(远期收入增速),后者取决于你对市场未来空间的解读,两者可叠加使用。比如你刚工作不久,职业发展前景良好,预计未来个人收入空间比较大,将本金投入年增长率设在 10%,那么定投初期金额为每月 3000 元的话,次年基准就应上浮至每月 3300 元,第三年为每月 3630 元,以此类推。如果人到中年,或者感觉自己的未来收入趋于平稳,也可以不对本金的每年增长率进行设置。

3. 价值平均的频率

很多投资者会误以为，在每一期定投的同时都需要进行价值平均调仓，这是价值平均策略被误解最多的地方。市场中绝大多数的中级反弹或下跌走势，并不会在短短的一两个月内走完，我们可以让行情多飞一会儿。**将价值平均的调仓周期设在每隔 3～6 个月一次，适度拉长价值平均的调仓周期，在减少工作量的同时反而更有可能有效利用中级波段，实现更高的投资收益**。这个观点在《价值平均策略：获得高投资收益的安全简便方法》一书中也得到了埃德尔森教授的验证，他建议平均每年 2～4 次的调整频率是合理的（见表 5-2）。

表 5-2　不同的调仓频率下价值平均策略实现的回报率

（2011—2020 年沪深 300 指数为例）

价值平均的频率	期间累计投入（元）	期末市值（元）	年化收益率
每个月	669643	1363845	12.43%
每 2 个月	654764		12.85%
每 3 个月	642337		13.13%
每 4 个月	628579		13.43%
每 6 个月	645494		12.99%

4. 月投金额规划、时间跨度和投资标的

价值平均策略最大的优点在于，有效缓解定投钝化效应的同时，还能帮助投资者明确地规划若干年后的目标市值，便于应对未来计划中的大额开支。比如置业、子女留学、家庭养老等。但

同样需要付出代价,即每一次投资金额的不确定性。尤其投资途中遭遇市场大跌且持续时间长的话,投资者须不断地大额追加定投金额,此时我们手里并不一定有足够的现金。

埃德尔森教授设计的价值平均策略,回测数据均取自美国股票市场,可以获得很满意的投资回报。由于中国股票市场中有更多的散户参与,仍是未完全成熟的市场,长期也具有更大的波动性。那么价值平均策略,在中国市场是否同样适用呢?

据我超过10年的价值平均策略实战经历,得出了肯定的答案。但与传统的定期定额相比有一个不同之处,即当价值平均策略应用在高贝塔(高波动率)的资产时,弱市中恐怕需要追加非常大额的现金,这对于大部分收入平稳的工薪族而言,越是定投到后期,现金流可能越难跟上。

以表5-3为例(另可参考图5-4),假设价值平均的初始计划每月定投基数为5000元,价值平均增速设在12%/年,本金按每年递增5%规划。那么到了第10年,目标市值金额将累计至137.68万元,若调仓期内遇上20%的回撤,那么就要额外补仓27.54万元,差不多是期初每月定投基数5000元的55倍!届时,投资者并不一定随时能拿得出这笔增量资金。

表5-3 价值平均后期,遇当期回撤回调10%和20%时需额外追加的资金

策略年限	价值平均时,需额外补仓的金额(元)	
	遇当期回调10%后	遇当期回调20%
满1年	6525	13050
满2年	14160	28320
满3年	23053	46106
满5年	45310	90619

(续)

策略年限	价值平均时，需额外补仓的金额（元）	
	遇当期回调10%后	遇当期回调20%
满7年	74908	149816
满10年	137679	275357

综上所述，切勿将每月价值平均定投的基数设置得过高，最好有适量的现金储备池，以应对无法预见的单边下挫行情。何况再雄厚的现金储备，也不一定能应对非常漫长的熊市，我建议投资者可以考虑将价值平均的时间跨度限制在5~8年以内。大级别牛市中如果已提前实现远期目标，完全可以执行二次止盈，或全仓转型资产均衡配置，或继续新一轮的计划。

价值平均策略是一个逢低多买且兼顾合理止盈的系统，非常适宜投资初期的原始积累。但从稳妥积累财富的角度出发，价值平均策略的理想投资标的应首选挂钩多行业的宽基指数基金。行业指数甚至个股，具有更大的波动性和更低的确定性，对投资者的现金流和行业判断都是很严峻的考验，并不一定适应价值平均策略。"价值平均策略"不是必须得同一个基金品种，也可以是一个资产组合包，甚至你可以按照股债80/20或者70/30之类配比的方式去规划这个定投账户，这一过程相对平滑了市值波动，也更容易坚持下去。

定投和价值平均策略的设计初衷，都不是给那些能够精准判断市场走势的投资者的。它们最大的优势在于强大的容错机制，即便投资者对中期行情预判错了方向，也完全可以承受这个失误。在长期坚持定投的过程中，资本市场螺旋性向上和始终具有波动性的特征，早晚能够帮助投资者积累出一笔不小的财富。

六、 定投常见问题答疑

问 1：定投，最适合哪些人？

Lagom：定投适合以下投资者，尤其第一类。

（1）增量资金（稳定现金流）：比如每月固定领取薪资的上班族，或每年拿压岁钱的孩子。

（2）存量资产（固定吃息类）：有固定的房租收入、债券利息、股权分红等收益的投资者，想通过分批买入的方式继续配置股票市场等权益类资产。

（3）稳健人士（大额现金储备）：自认看不清市场走向的投资者，可以将手里的现金储备拆分成 2~5 年进行定投式建仓。

问 2：每月定投多少资金合适？

Lagom：每月投入的资金既不要多到影响到家庭的日常开支，又不要少到即便等到一波大牛市都挣不了多少钱。**定投是一个能有效积累财富且容错性非常好的投资策略，要敢于下注。但应遵循闲钱投资的原则，确保自己的现金流足够熬过一轮完整的牛熊周期。**

问 3：合理的定投频率是多少？

Lagom：我个人更倾向于每月定投一笔，这也和大多数投资者的现金流收入相匹配，省心省事的同时并不会降低收益。增加买入的频率后，的确更容易抓到市场的低点，但过于频繁的定投同样不会错过当月的最高价。

另外，有朋友总觉得买完之后又得等一个月，会不会太无聊了？如果投资者的时间和精力都非常充裕，当然可以去每周或每两周定投。但即便增加投入频率，长期回报率也会相差无几，只不过可以解决手痒的问题。试问下自己，你是要趣味盎然地亏钱，还是要枯燥平淡的盈利体系？成功的投资，本应99.9%的时间用来思考，剩下这0.1%时间用于交易。

关键词：低频交易。把定投的周期拉长，"坚持"远比频率重要。

问4：定投是否必须只投一个品种，过程中是否可以切换？

Lagom：我们定投的是一个资产组合包，过程中可以择机轮换更具性价比的投资组合。举一个类似的例子，你家的存款早年是定期存折，后来出现了流动性和收益率更佳的余额宝、货基、短期银行理财等产品，那么你应该不会介意轮换一下品种吧。**价值才是我们的"锚"，定投只是一种增量资金的建仓方式，不用苛求持有的品种是否从一而终。**

问5：如何对指数基金进行合理的估值？

Lagom："主流宽基指数"可参照PE、PB、ROE、股息率等历史数据去做对比，牛市进攻时多参考PE、熊市防守可偏重PB和股息率，这些都可以通过中证指数有限公司官网、WIND、专业机构研报等渠道了解。"细分行业指数"则说来话长，光看这些数据还远远不够，需要综合该行业的商业模式、远期前景、政策面等因素来综合分析。

问6：每次熬不到定投日就想投，怎么办？

Lagom：投机取巧似"抄底"，很容易自乱阵脚。给手痒的朋友支个招：将每月计划投入的资金拆成两批，计划中的定投日投一半，剩余资金灵活机动。过一段时间你会发现，绝大部分的月份还不如按部就班操作。

问 7：牛市了，是否可以把每月 15 日的定投临时改到 1 日？

Lagom：以前见过太多实战的案例，在市场不好的时候，总觉得月末定投最划算；行情好起来，想着改到月初才划算。长期坚持定投之下，每月具体选在哪天都不是那么重要的，但老是临时改期就很容易使这个计划半途而废，不要低估人性的弱点。

问 8：我现在的基金已经零零碎碎快 50 个品种了。感觉平均下来也只能取得市场平均收益，没有超额收益的空间，这种情况您是怎么处理的？

Lagom：布局的基金很杂，并不代表你就能抓住更多的投资机会，长此以往的收益必然趋于平均。对于投资新手来说，反而更难驾驭这个组合。比如持有时间久了，各品种涨跌互现后，彼此该如何调仓，怎么轮换等，都会非常烦琐。设计一个高效的投资策略，必须在品种上做出一定程度的取舍。**如果是投资基金，那么初期 3 ~ 7 个品种足以，待经验和资金量都提高之后，可以慢慢地拓展到 5 ~ 10 个品种以上。**

问 9：是否可以考虑定投个股？

Lagom：定投主流宽基指数，是长期赌国运；而定投股票，则是押注具体的公司。定投个股，相当于把这个账户的命运都交给了这家公司，且需要面临更高的波动性，合理的止盈也会变得更加困难，究竟哪种方式的确定性更高？不言自明。

问 10：采用价值平均策略时子弹已经打光了，可否融资？

Lagom：**是否启用融资，得看投资者未来的现金流、风险承受力和能否管住手（融资易上瘾）。**如果并无太大把握的话，价值平均策略下的补仓也不用太勉强，子弹打完原地趴下。虽然价值平均策略适合现金流强劲的投资者，但也无须过分担忧现金流压力，缺几期大额追加，并不碍大局的。这个投资计划并不比房贷，较最初计划少买了几期筹码，也没人来上门催债，增速设低了或现金流没跟上，无非最终在市场泡沫下少获得一些超额收益而已，熊市中尽力即可。

问11：根据估值体系进行定期不定额的定投和价值平均策略，孰优孰劣？

Lagom：作为两种定期不定额的定投，这两者均是根据市场的估值水位和波动率进行量化投入的方式，目的都是为了能够实现超额收益。它们最大的区别在于，采用定期不定额式的定投，投资者的资金压力会比较小，但在整个过程中并没有止盈目标，这就需要进行人为的干预，因此更考验投资者对于当前市场的实时解读。**相比之下，价值平均策略的优势在于相对稳健的止盈策略和容错率，但在长期熊市下的资金压力会特别大。**

分享一些定投建议给各位读者：

（1）把定投理解成"现金流＋机械化动态建仓"结合的资产积累模型。

（2）定投的品种很重要，首选波动大且远期向上的品种！低估值更佳。

（3）考虑到通胀、收入增长等因素，建议本金投入逐年递增（自设增速）。

（4）个性化的定投系统不必一次敲定，有些细节可以"随着进行而完成"。

（5）定投＝增量资金建仓，与其他逆向投资方式没有冲突，可同时进行。

（6）切勿过于频繁交易和止盈！行情刚起飞时，要让行情多飞一会儿。

（7）预留适量的现金储备（尤其采用价值平均策略），有助过程中保持好心态。

（8）最终成功与否，靠的不仅仅是智慧与知识，更在于执行系统的意志力。贵在坚持！

第二节　人到中年：追求均衡

40岁以后的人，才算得上真正的投资者。——查理·芒格

关于中年的定义，全世界并无统一的标准。依目前我国的国情和人均寿命来看，我们可以把40~55岁设定为中年阶段。中年人作为企业和家庭的支柱，不论是知识、阅历，还是收入都会到达一个比较可观的高度，然而此时人体生理机能却已经开始下滑。随着年龄的增长，精力大不如前，患病率也会逐渐高于青年时期。

随着科技发展进入快车道之后，行业和企业更替的速度也越来越快，如今的中年人已经无法像以前那样，继续对职业的前景和稳定性抱有过高的期望了。即便还是有很多职场人士坚信，自己仍是不可或缺的，公司和老板离开了他（她）就不行，而现实情况是，如果你被其他新人替代之后，或许他们会给公司带来更多的创新和活力。即便是企业的中高层，在身体状况出现问题，或者行业出现危机时都可能随时被公司扫地出门，就像电影《忙人日记》中那位被董事会解雇的CEO那样，毫无征兆地从顶峰陨落。中年人的危机，无处不在。

中年，其实又是非常好的投资年龄段。虽然此时会面临上有老，下有小的压力，但为人处世、智力、心理状态等各方面都已

日渐成熟，并发展到一个前所未有的高度。在经历过岁月的洗礼后，人生的谜团已经慢慢解开，中年人开始充分了解了自己的才能和处境，也更清楚自己需要实现的目标，不再抱有年轻时那些不切实际的幻想。在这种心理状态下，投资时也能更坦然地看待市场波动和克制冲动的交易行为，投资心智趋于沉稳，这些都是成为一名优秀投资者的核心竞争力。

一、如何有效控制回撤

绝大多数人从内心都是讨厌亏损的，哪怕只是浮亏，这完全可以理解。想必朋友们在各平台购买理财或基金产品之前，都填过这道风险测评题："您进行投资时所能承受的最大亏损比例是（　　）"。你认真思考过这个问题吗？回撤是投资的一部分，你得学会坦然接受浮亏，并了解自己究竟能够承受多大的回撤率，这应该是你在买入之前就想清楚的事。

资金回撤率，泛指某一时期内账户净值由前期高点（或期初成本），至净值低点时所减少的幅度。回撤率与选取的投资策略和风控管理密切相关，可用来衡量账户在最糟糕情况下的风险承受能力。为何人到中年应尽量避免过大的回撤呢？主要有以下两点原因。

1. 若浮亏过多，回本路将漫漫

同样一轮行情，回撤率控制在 15% 的 B 账户，市场回暖后即可迅速回本并在新一轮的牛市中实现高收益。而途中全仓回撤率大于 50% 的投资账户，回本路漫漫，更别说获取高收益了（见表 5-4）。

若要避免过高的回撤率，首先不能在市场出现严重泡沫的时候盲目地一次性建仓，如果在错误时段倾尽所有的资金，那么造成的局面往往是难以挽回的。如果你能把本金安全地带出熊市（整体回撤率控制在 20%～30% 内），那么将更容易在下一轮行情中实现资产的飞跃。

表 5-4　不同的回撤率下，回本时需上涨的幅度

账户	回撤率	回本需涨	一轮大于 50% 的小牛行情后	全仓 3 倍的大行情后
A	-10%	11.1%	35%	170%
B	-15%	17.6%	28%	155%
C	-30%	42.9%	5%	110%
D	-50%	100%	-25%	50%
E	-70%	233%	-55%	-10%
F	-85%	567%	-78%	-55%

2. 大幅回撤后的投资心理

很多人会在市值出现回撤后，质疑投资体系的正确性或有效性，放弃了一个可能还不错的长期投资计划。即便已跌出钻石般价值，也不愿多拿多看，更别说找钱追加了。

常见三种应对方式：

（1）低位狠心割肉。

（2）固执坚持"回本必走"，暗自发誓解套后不再涉足股市。

（3）方寸大乱后，为求快速回本而转战高频交易，最终越亏越多。

尤其是上有老下有小的中年投资者，此时你和你的家人或许会给你很大的压力。对此，在投资之初就要对此有充分的心理准备。

投资，我们不能只看预期收益。究竟给予某项资产多少仓位，即对应多少的风险敞口，我们需要衡量对应的风险。适度增加现金类资产的头寸，是降低风险的最佳途径，可以有效地平滑账户的波动。除此之外，均衡投资也是很好的选择。

二、何为均衡投资

均衡两字，最早出自《素问·五常政大论》：升明之纪，正阳而治，德施周普，五化均衡。如今，均衡是一个被广泛运用的概念，在西方经济学中，借用了机械力学中的概念，即相互作用的力量因大小相等，方向相反而处于静止不变的平衡状态。延伸到投资当中，均衡特指投资者去寻找一种足够稳定，不走极端的投资方式。中年危机下的投资，均衡应该是我们追求的境界。

投资三分法：这是流行于西方国家的投资三分法，即将全部资产的1/3存入银行，1/3购置房产或土地不动产，1/3购置股票、债券等有价证券。投资者将金融资产分配在以上三部分不同形态的资产上，这种投资组合统筹了安全性、收益性和流动性三个原则，实现了最基础的资产大类均衡。

时间三分法：投资时间三分法，又称为梯形投资法。它是指在投资时将投资期限的长期、中期、短期三者之间进行有序的结合。比如我们可以把股票组合中60%的资金，配置在回收周期至少三年以上的长线品种，以获得长期稳定的股东收益；将

30%的资金用于为期几个月的中线投资，投资中期股价有较大上行空间的股票，并确保可以随时撤离；剩余10%的资金，再去做更灵活的短期投资。

家庭资产象限图：建议投资者把家庭资产根据不同的用途分为四个账户：10%要花的钱、20%保命的钱、30%生钱的钱、40%保本升值的钱。虽然此四象限理论是否出自标准普尔（Standard & Poor's）仍存疑，实用性也不高，但这种面面俱到的配置方式，可以帮助投资者更关注人生的钱究竟该往哪去，其的确可以作为一种合理稳健的家庭资产分配思路来参考。

50/50股债平衡：格雷厄姆在《聪明的投资者》一书中提出了著名的50/50股债投资策略，即一半买股票，另一半买债券，并定期保持两者仓位的均等。股票和债券彼此负相关且高收益的特性，使股债平衡策略思想历久弥新，时至今日仍然非常有效。简单的双资产组合就是资产配置的雏形，对于资金有限的中小投资者也非常友好。在此基础上，投资者还可以进而将资产分配成四等分：比如股票、债券、现金、黄金等。

以投资三分法为例，配置的三类资产在安全性、收益性、流动性上彼此互补，相得益彰。以上各种理念都是颇具指导性的，进而可以延伸到更多细分领域的配置。例如一个均衡的股票组合，应该由大盘蓝筹股、小盘成长股等不同风格的股票构成，前者保障股息收入和资产组合的稳定性，后者虽然投资风险较高，但可以博弈未来的高成长和高收益。

不论哪一种大类资产，投资者都可以把资金有序地分配在不同期限和收益的证券上，最终找到那个契合自己的均衡点，在能够承受风险的范围内谋求更高的回报率。如果能长期恪守类似中庸之道,那么你的投资收益并不会平庸。以上种种方案不仅仅针对中年人,同样适宜处于不同年龄层的稳健型投资者。

人到中年的均衡,远远不止投资。我们的家庭、健康、事业、朋友、兴趣爱好等才是生活中的主角,投资只是其中的一小部分。均衡之所以被称为最基本的美学原理,是因为它发源于人的本心。四十不惑之后,应该已经渐渐明白什么才是最重要的,哪些是毫无必要且可以放下的心理包袱,开始窥探人生的真谛。这时候我们就要平衡好投资和生活两者的关系,投资不应该占用更多的时间和精力,更大可不必为了投资而影响到日常生活的节奏。

三、中年资产配置的建议

对于中年投资者而言,资产组合必须考虑各方面的均衡,这样方能使自己的财富在不同的经济周期下都能抵御相应的冲击,但毕竟还有至少 5～20 年的时间才到退休年龄,在这段时间内,足够投资者守到一轮中级行情,如果能够进行合理有序的投资,完全有可能让家庭资产在退休之前再上一个台阶。

年轻时的"定投"是一种匹配稳定现金收入,增加容错性的建仓方式,如果当你中年时已经有了一大笔闲钱计划做投资,那么就并非只有定投这一个选项,务必择机预先构建一定的底仓。所以投资组合还得兼顾足够的增值潜力,同时不能过于保守,预留三年内家庭确定性开支的现金储备后,**建议中年投资者的风险资产尽量不要低于30%仓位。**

人到中年,你的工资性收入也许还会维持一段时间的增长,但大多数人的职业生涯已经迈过高峰,甚至开始被边缘化,在职场并没有很大的上升空间了。但此时退休已近在咫尺,令人有一种莫名的紧迫感。很多中老年投资者,年轻时只有节俭的积蓄,却未曾配置过任何风险资产去感受市场的波动。

等到晚年面对持续的通胀压力,迫不得已开始学习投资权益类资产,此时既无经验,又没有相匹配的承受力,时常方寸大乱。因此好的心态不可或缺,即便没有抓住此前人生中的数次大好机会,但随着年龄的增长和事业的滑坡,人到中年也应该考虑将一部分资产的翅膀收走,让财富积累的脚步渐渐慢下来。

年轻时不妨适度剑走偏锋,投资到后期则建议尽量使用跟随法了。尤其在你已经遥遥领先时,采用稳健跟随市场平均水平的方法,你就能长期处于领先。兼顾多品种的大类资产配置,应该是此阶段的首选投资方式。

中年投资者暂处于临退休之前可进可的退投资阶段,每个投资者承担风险的意愿都是不同的,资产配置既有稳健的策略,又有激进的策略,本书第四章中所列的"100 法则""110 法则""130 法则"应该可以适用具有不同风险偏好的中年人。**虽然如此,还是建议中年投资者尽量克制消费贷及其他杠杆工具的使用频率,家庭资产的负债比例理应阶段性调低。**

中年人赚钱已经不能再依靠勤奋了,日常工作和投资中都要逐步放慢节奏,给自己的身体和心理减负。此时也应该考虑逐步开始依赖被动的收入,而不是像年轻时那样主要依靠工资性收入。**所以在构建投资组合时理应调低投机的比例,更多布局那些基本面稳定且长期可以贡献更多现金流的资产。**

除非你已经拥有了足够雄厚的财富储备作为后盾,否则还是建议普通投资者在现金流比较充裕的阶段，去购买一份最基础的社会保险，以及商业保险，来保障你和你的家人能够在小概率突发事件中，不会给家庭带来很大的财务风险。

还有一点务必提前做好规划，即对今后你和家人准备养老的城市选择，应尽早地做好打算。如今越来越多的人为了赚取更多的收入，奔波在不同的城市，甚至国外，他们肯定要比留在自己家乡按部就班生活和就业的本地人，需要考虑更多的养老问题。不论是在本地，还是在异地养老，这类异乡人都应该提前谋划购房置业、社会保障等足以安逸养老的准备工作。

随着投资者日益临近退休年龄，仓位管理的风格也应该逐渐从积极转向保守了。仓位过渡的技巧，各位读者可以去参考根据生命周期制定的目标期限基金，即一种根据投资者临近退休的年龄设计的目标期限基金。 这类产品都会有一个到期日，比如2040产品，即对应了投资者在2040年退休时的资产配置，此类产品会在到期之前逐年进行动态的资产配置管理。

这种与相应年龄段匹配的仓位管理方法，可以非常简便规划退休之前的资产配置计划，即便是没有专业理财知识的个人投资者，也能轻松掌握。相关产品在国内还比较鲜见，好在现阶段对此有兴趣的投资者已经可以到各大指数公司官网，下载2030、2040、2050等指数为自己的长期资产配置做战略规划了。作为一种值得借鉴的投资样板，特别推荐给大家。

第三节　退休阶段：CPPI 保守型投资组合

投资者在年轻时为自己的将来提前储备资产，等到老年时再通过变现这些资产来维持退休生活，这是维系整个社会和家庭稳定的传统方式。

如今，全球大部分国家的人口平均寿命都达到了 70 岁以上，而就在 200 多年前，这个数字还不到 40。我们的祖辈当年也未曾想过人类能轻易地活到八九十岁，随着科技的进步，大家在感叹现代医学给人类带来巨变的同时，人均寿命终将进一步延长，预计到 2050 年，除了非洲和中东等部分国家，世界上绝大多数国家都将进入深度的老龄化。我们始终无法预知自己究竟还可以活多久，退休生涯的时间跨度或许远远超过预期，这也是每个人在规划退休账户之前，面临的最大不确定性。

投资，是每个人都可以贯穿一生的"职业"。步入老年的投资者，到底是更强了，还是变弱了？虽然精力已不如当年，但年老意味着更多的自由，可以优先考虑自己的生活方式和现金需求，不必再受外人的影响，在经历过一段很长的旅程之后，人生进入了大智慧的阶段。衰老只是一种正常的生理现象，有时候它也会让你在很多领域变得更强。古罗马哲学家西塞罗（Marcus Tullius Cicero）在经典著作《论老年》中畅谈了如何享受晚年生活，各位读者抽空可找来读一读，应该能得到满意的答案。

我曾经看过一篇日本关于交通事故和年龄段的调查，报告显示从 65 岁以上开始，事故所占比例呈现明显的上升趋势。人到老年，视力会下降，即时反应能力也在减退，但随着经验的积累，对自己驾驶能力的自信却在提升。这或许也解释了，为何不少老年的投资者，即使长期未实现盈利，却仍在固执地全仓一只股票的原因了。经验和偏执往往会如影随形，年轻时谁都可以集中博弈某项自己特别看好的资产，即便遭受了一定的损失，也能够通过不断回收人力资本去一步步扳回颓势。而如果你已经退休了，这一切恐怕难以挽回，真正的窘迫是退休后的贫困。

投资收益肯定不会是线性实现的，老年时需要更多的现金储备去应对突发的开支。此外，财富基数变大了，完全可以接受增值速度的放缓。因此，退休阶段首选的理财方案应该是保守型投资。保守型投资组合不仅适用于中老年投资者，其他如各位读者的父母，目前碍于时间精力或健康状况等原因，正把他们的养老账户托付给更懂得投资的你在打理，或者你和你的家人都是典型的风险厌恶型投资者，又或者已基本实现财务自由，准备提前退休的投资者，都可以借鉴本节以下的内容。

一、保守型投资的要点

1. 适量的权益类资产

如何定义保守型投资？并不是把所有可供养老的资金存入银行了事。这么做等于把你和家人后半生的财务状况，全部被动地交给了"存款利率"和"真实的通胀水平"这两个变量，基本上会必败无疑。

现金类资产的最大优势就是收益稳定，并且在持有过程中几乎没有回撤，即便存款利率会确定性地跑输通胀，但这种资产日日"新高"的感受，实在是令很多投资者爱不释手。**退休之后，如果继续全仓现金类资产，那么长寿和通货膨胀都将成为无法规避的系统风险**。我们很可能还要生活几十年，期间生活成本会进一步上升，简单的储蓄自然无法满足最基本的财富保值要求。

诺贝尔基金在 1900 年成立之初，整个基金资产只有 3100 万瑞典克朗，在此后 120 年时间里，历年诺贝尔奖的奖金发放总额已远远超出了其初始规模。其实遵循诺贝尔最初的意愿，该基金只能购买最安全的国债，过低的收益导致到 1953 年时诺贝尔基金只剩下 2000 万克朗了。此后诺贝尔基金才开始涉足股市、不动产和其他资产，最终得益于均衡的资产配置，才让诺贝尔基金能够在每年颁发高额奖金的情况下，坚持了超过 120 年（截至 2019 年诺贝尔基金的资产余额达到了 49 亿克朗）。**退休也不是投资的终点，在大类资产配置中负责增值的权益类资产部分，在晚年时仍应予以适当保留。**

2. 低波动性

投资者在突发疾病必须治疗，或者发生其他意外状况必须抽离一笔资金时，也许会面临调整投资计划的窘境，这项风险往往又是最不可预测的。通常随着年龄的增长，这种可能性也会逐渐加大，如果风险资产始终维持高配的话，那么恰遇熊市时的撤资套现，就会导致非常大的永久性损失。**退休养老账户的第一要素，应该追求资金更稳定的波动性。**

表 5-5 是 2005—2020 年期间，以沪深 300 指数和年息 5% 的固收品种构建成投资组合为例，列举 50/50、30/70、10/90 三种投资组合在各个年度的投资回报率。权益类资产配置的比例越低，出现年度亏损的概率也就越低，就更容易实现稳定的净值走势，组合将始终呈现低波动、低回撤的特性（见图 5-7）。与此同时，权益类资产低仓位运行可以确保几乎在 90%，甚至 95%

以上的年度都实现正收益。

低风险策略,预示着远期收益率的精确性会提高,但预期收益肯定要适当降低。谁都希望投资回报率越高越好,但为了更安逸地享受退休生活,你必须放慢自己的脚步,这也是进行保守型投资时必须在风险溢价上的一种妥协。

表5-5 三种投资组合的年度回报率

	年份	各年度涨跌幅(每年年末动态平衡)			
		沪深300指数	股债50/50	股债30/70	股债10/90
1	2005年	−7.7%	−1.3%	1.2%	3.7%
2	2006年	121.0%	63.0%	39.8%	16.6%
3	2007年	161.5%	83.3%	52.0%	20.7%
4	2008年	−65.9%	−30.5%	−16.3%	−2.1%
5	2009年	96.7%	50.9%	32.5%	14.2%
6	2010年	−12.5%	−3.8%	−0.3%	3.2%
7	2011年	−25.0%	−10.0%	−4.0%	2.0%
8	2012年	7.6%	6.3%	5.8%	5.3%
9	2013年	−7.6%	−1.3%	1.2%	3.7%
10	2014年	51.7%	28.3%	19.0%	9.7%
11	2015年	5.6%	5.3%	5.2%	5.1%
12	2016年	−11.3%	−3.1%	0.1%	3.4%
13	2017年	21.8%	13.4%	10.0%	6.7%
14	2018年	−25.3%	−10.2%	−4.1%	2.0%
15	2019年	36.1%	20.5%	14.3%	8.1%
16	2020年	27.2%	16.1%	11.7%	7.2%
亏损年度		7个年度	7个年度	4个年度	1个年度

另外,就投资者是否有必要定期进行仓位上的再平衡,可参

见图 5-8。在经历了数个牛熊周期之后,坚持给账户进行仓位上的动态平衡(回归初始比例),将有助于长期平滑收益曲线,且容易实现更高的投资回报率,建议大家也这么去做。

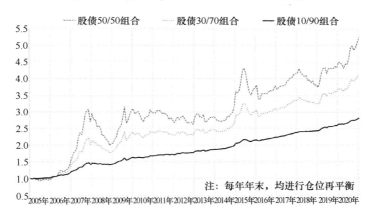

图 5-7　三种投资组合的净值表现

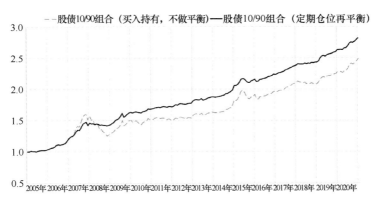

图 5-8　买入长期持有与定期仓位再平衡的区别

3. 现金流

通常年老之后消费水平是会相对下降的，但增加的医疗、护理等老龄化开支却很难预计，在无法继续依靠劳动力去换取现金流的时候，只能凭借微薄的退休金去维持生活品质了。社会基础养老保障制度似一张永远伴随你的永续性债券，为你提供稳定的现金收入。但考虑到国内日益严重的老龄化趋势，未来是否有足够的资源兑现当初的那些社会养老保障的承诺，我们是要打一个问号的。那么，在养老金替代率持续走低的情况下，退休人员如何去填补这个缺口呢？卖出先前持有的资产变现，并不是唯一的选项。**构建一个可以持续贡献现金流（被动收入）的投资组合，应该成为养老账户的永续型方案。**

股息派发的越久，证明这家公司经历多次经济周期后，仍能在市场中长盛不衰，那么未来继续稳健经营的概率也会更高。如果现在有一只已经持续发放高额股息超过 10 年，甚至 20 年的优质蓝筹股，我非常乐意将它纳入股票组合备选池，尤其是保守型投资组合。但也总有意外状况发生。

港股汇丰控股（HSBC）早先长期按每季度分红，成为很多香港市民心目中优质的资产之一。甚至被大家笑称为"孤儿寡母股"，意思即便是收入不稳定的低收入群体，只要持有汇丰的股票，就可以安稳地定期领取高额股息去养家。直到 2020 年 4 月，汇丰为了应对新冠肺炎疫情的影响，史上首次暂停了分红，失去"高股息"这道护身符之后，公司股价也在随后半年内跌去了 35%。具体到个股投资，股息率指标虽然可信，但肯定不是唯一的价值指标。**如果把自己的股票资产优化成一个高股息的分散化**

组合，那么这种稳健的投资模式才更容易得以永续。

被动收入也具有不同的风险等级和很多种形式，比如房租收入虽然稳定，但未来的涨幅受制于区域人口的导入、经济发展和通胀水平；债券利息，则挂钩长期市场利率水平；持股吃息，最终还是基于投资组合的实际经营状况和基本面。**不同资产大类的被动收入模型都有所不同，退休投资者应当多渠道布局，并降低某一项资产在现金收入上的依赖性，实现被动收入的多样化配置。**以免在某个投资领域不景气的时候可能会影响到整个投资组合的现金回收率，如此方能做到在不同的经济周期下的多点开花。

持续稳定的现金流入，才会使你的财富之树永不枯萎。

4. 流动性

资产的流动性，是指当前资产在价值不损失情况下的变现能力和偿债能力。**退休阶段临时性大额支出的可能性会大增，在选择具体资产，尤其在配置固定收益品种时必须充分考虑到流动性因素。**固定收益头寸中诸如货币基金、短债等高流动性的准现金品种，应该至少相当于 12~18 个月的家庭开支，并额外预留一笔专项的医疗基金，剩余部分再去投资长久期的固收产品。其他诸如 3 年或 5 年到期的中长期信托，交投清淡的异地投资性房产等，都是管理流动性时需要尽量规避的。**切记：退休后的投资宁可踏空，也不要轻易断粮。**

5. 提取率

我们活得足够久，却高估了退休后的社会保障福利，最终没有足够的现金去维持之前的生活品质,这是退休后面临的最大风险。所以即便你已存下一笔可观的退休金,也必须有节制地提取才能确保这笔钱不会被提前花完。**本书第四章也提到过,退休储备金的年提取率设在每年 3%~4%,甚至更低会比较合理,如此可基本确保你的养老账户得以永续下去。**

二、 CPPI 保守型投资组合

CPPI 恒定比例组合(Constant Proportion Portfolio Insurance)是一种设计稳健投资组合的常见策略。这种策略的基本思路是将大部分资金投入到可以获得固定收益的债券或现金类资产(保留性资产),以此确保投资组合的低波动和安全性的同时,再将小部分资金投入到股票等风险资产(主动性资产),以博取未来的高收益。在此基础上,再结合市场的走势,给权益类头寸动态乘上一个放大倍数,借此使组合获得长期稳定的增值。

CPPI 相当于一个长期保本的投资模型,例如所有资金里面有 10% 配置权益类资产,剩下 90% 的资金配置债券和现金类资产,即便当年遭遇下跌幅度 20%~35% 的熊市,由于组合中债券类(保留性资产)的利息收入可以去填坑,最终这个账户全年度很难会整体亏损,甚至仍有少量的盈利。

如果把保本周期拉长到三年或更久,那么投资者不妨继续提高权益类资产的比例,在增加预期收益率的同时,保留性资产照样可以覆盖掉同时期风险资产可能造成的亏损。这种模式确保投资者在一定的投资期内至少足额收回本金,有助于在投资过程中

平缓投资者的情绪，特别适合风险承受力偏低的中老年投资者。以上也是保本型基金（Principal Guaranteed Fund）的核心逻辑，个人投资者的 CPPI 策略设计可分为以下三步走。

  1. 仓位的设定

  威廉·伯恩斯坦在《有效资产管理》中论证过，从全债券组合开始逐渐增加少量的股票，组合的收益会如预期一样增加。按照历史数据推算，理论上最小风险组合应该是包括了 7% 股票的投资组合，如果投资者唯一的目标就是风险最小化，那么他必须至少持有 5%~10% 的股票。再假设投资者的养老保障、企业年金等福利都非常到位，甚至一部分资产以后计划留给年轻的继承者，那么在确保现金流的情况下，也可以进一步提升投资组合的风险敞口。**通常建议根据个人的情况不同，保守型投资组合中的风险资产比例可设在 10%~50% 区间。**

  2. 保本资产的确定

  传统的 CPPI 组合只有股票和债券（或现金）两类资产，但配置比例过高的固收品种对于足具规模的组合来说或许还是太单一了，甚至会是一种风险，因此建议可以适当地加入更多资产大类。比如桥水基金创始人达里奥创办的全天候资产配置策略，会兼顾更多的资产大类，让组合自适应各种经济环境，在波动和风险都比较小的情况下获得稳健的回报率。**根据历史数据，全天候策略基本可以实现 6%~8% 的年化回报率，适用于资金规模较大且对收益要求不是很高的厌恶风险型投资者。**

3. 放大倍数的调整

在基础仓位上加设放大倍数的调整，是为了在确保本金安全的前提下，为组合创造更多的收益。专业机构会根据低风险资产，以保证期末时的资产价值不低于最低保本额度为依据，去计算动态的放大倍数，最终找出风险和收益的平衡点，有点类似于在你起跳之后，有人会不断地把安全垫挪到那个看起来更合适的位置。个人投资者管理账户也可以不用那么复杂，坚持按恒定的仓位比例，并定期再平衡，已经能实现预期的效果。

我给家里老人养老账户的长期配置方案，同时借鉴了逆向投资的思路。即将初始比例设为股债 30/70，在此基础上给权益类资产规划一个动态的仓位比，即 10%～30%，这部分仓位可以是指数基金，也可以是足够分散的股票和可转债组合，在投资过程中根据市场热度和估值去做逆向布局。行情低迷的时候仓位维持 30% 上限，行情火热的时候再降到 10%～15% 区间。针对中国股市大起大落的特征，即便投资者维持较低的仓位运行，长期也能够通过逆向投资吃到一部分可观的超额收益。

虽然说起来简单，但 CPPI 类保本策略的最大难点在于纪律性。

即便我们手把手地指导某位投资者，去按股债 20/80 或 30/70 做保守组合配置，再定期执行动态平衡，那么几年内就可以轻松地跑赢货币基金等现金类资产，时间拉长后收益会更加优异。但在整个投资过程中，牛市时保守型账户的收益率会远远落后指数的涨幅，而熊市时权益类资产多少会拖累账户的短期表现。因此投资者必须在执行 CPPI 策略时做到克制择时冲动，并按量化的目标去调仓，尤其在账户内还有大把固定收益类资产的情况下，这对于绝大多数人来说，可能会比较考验人性。管不住手的投资者，也可以考虑直接配置专业机构发行的养老型产品。

金钱的确能够给人带来幸福，但在你资产和收入达到一定规模之后，你的幸福感并不会再依赖于资产的增值。人生的追求不仅仅只有满足生存的需要，还有更高层次的需求，需要在有生之年去更多地自我实现。很多人会在走到老年这个阶段，睿智地选择给自己的"财富发动机"降低档位。**保本型投资组合这种资产净值缓缓爬坡、润物细无声似的增值方式，能够帮助投资者减轻投资压力，也有更充裕的时间和舒适的心情去享受生活。**毕竟生命的意义，本来就在于换取更多的时间。

第四节　各阶段的过渡和止盈技巧

幸福，就是在该结束的时候，不再强求。——《幸福就是》

理想的投资，应该是永远持有优质的资产，并且可以给你创造永续的现金流。但市场总有极度狂躁的阶段，或者投资者已经到了必须保留更多现金储备的年龄，如果届时没有规划合理的退出机制（哪怕只是适度退出），那一切或许只是归于平庸，甚至化为乌有。**止盈的本质，是在每当持有的资产出现明显泡沫的时候，逐步有计划将资产兑换转移到未显著高估的高息资产，保留胜利的果实。**如果每年，甚至每个月都要**止盈**，那么这个投资体系恐怕不是那么的合理。

一、定投如何止盈

最终实现成功定投的关键，必须兼备以下三个要素：

一是稳定的现金流，二是至少扛完一轮牛熊周期，三是合适的止盈（退出机制）。

前两个主要靠投资者稳定的收入和长时间的坚持，下面深入探讨下第三个"退出机制"，该思路不仅适用于止盈不止损的定投策略，对于倾向左侧交易的价值投资者同样具有一定的参考意义。**我一向不赞同傻傻地定投几十年，除了持续长时间的定投会产生钝化之外，也完全没有兼顾到生命周期下的仓位管理。**再综合中国股市牛短熊长且暴涨暴跌的特性，适当的退出机制会有助于提升组合的收益，提前计划就显得尤为重要。此外，择时退出机制只是在市场出现严重泡沫的时候，把手里火烫的砖，搬走一些到性价比更高的资产大类暂时过渡。**定投的止盈也并不代表离场，不应影响到长期投资方案的延续性。**

1. 指数水位法

依据当前所投指数，或行业的估值高低，每个人的看法不同。可按板块的 PE、PB、ROE、股息率等自定义。比如 PE 小于 10 倍时增投，10~20 倍标准定额，20~25 倍减投，大于 25 倍分批调低权益类头寸等，类似思路是不错的方案。但切勿拿着中小创、行业指数等，估值只看主板指数。

缺点：估值水位自设，需投资者具备全面的金融知识和大局观。

2. 年化回报率

给逐期投入的本金,设定一个长期年化收益目标(如年化20%、30%等),到达预定目标后即逐批止盈。提醒:只投了几期的,暂勿启用年化目标。如果初期筹码过少,即使年化50%都没多大意义。

3. 价值平均策略

在每月投入基础上增设资产增速轨迹,定期按目标值调仓(跌/增投,涨/减持或卖出),是个自带止盈过滤的智能定投策略。有兴趣的读者可翻阅《价值平均策略:获得高投资收益的安全简便方法》或本章之前的内容。

4. 综合性策略

结合自己的计划市值目标,参考以上几种止盈方法综合采用。

那么,每当收益率达到20%后即止盈,再重新开始下一轮定投的方式,到底好不好呢?由于统计简便,很多投资者热衷这种方法,但其有一个致命的缺陷。止盈的本质是一种择时,不论市场估值高低,频繁地收割意味着你这笔钱很可能马上会在更高的位置买回来。

粮食从播种到收获都有一个时间差,任何投资也会对应一个回收的周期。古人为了每天都有粮食吃,秋收时会把多余的粮食储存起来,以备过冬。投资亦是如此,理应在播种的季节撒下种子，收获的季节储粮（回收现金）。春播秋收是一个完整的粮食周期，熊市到牛市，也是一轮完整的股市周期，估值从极度低估、低估、合理区间、高估，再到全市场泡沫化是一段很长的路，这个跨度肯定远远不止20%。每逢20%便止盈的想法，多因为投资者过分担心当前微薄的浮盈，可能随时会被抹去，甚至变回亏损，却忽视了资本市场的原理，最终不是越投越高，就是错过了几年一遇的估值修复主升段。

更多失败的投资者，完全没有事先制订退出计划，卖出全靠交易当天的情绪。所以每一位投资者都有必要给自己的长期计划预设一个大致的退出点（或止盈计划）。既然定投建仓是分几十、上百期似的细水长流，那么在止盈时也不必苛求一次性退出。分几期逢高撤退，或价值平均策略那样水涨船高似的动态网格交易，都是完全可行的。没有绝对完美的退出机制，合适你的就好。

二、 人生各阶段的资产配置过渡

按本章的资产配置规划，人生大致分为三个阶段。
青年：20~25岁，或至40岁，历时15~20年。
中年：40~55岁，或至60岁，历时15~20年；
退休：55或60岁之后，历时15~40年。
如果按照"100法则"来规划，即30岁时风险资产配置仓位70%，计划60岁退休时仓位回归到40%，如何过渡呢？我们先假设一种比较极端的情况，某位投资者在35~42岁时遇到了一轮漫长的经济萧条，若严格按照生命周期策略的目标值去执行每年下调1%，预示着这7年的持仓必须从65%降到58%，每年都要不停地止损，看起来就不是那么合理。

仓位过渡并不一定要去线性处置，投资者完全可以结合不同的人生阶段和经济周期特性，去拆分成几个不同的小目标。比如设置每隔5年，或10年的投资小目标（即每一轮经济周期过后，平均仓位下降5%~10%），提前到达该阶段的期末目标时可提前适度止盈，并着手过渡到下一阶段更加安全和稳健的投资组合。也可以在分阶段止盈后随时取出一笔资金，给自己提前享受生活。

市场并不一定完全按着计划来，所以你也要容忍一定的不确定性和灵活性。我们也可以把整个人生投资计划设想成一段漫长的旅程，上车之前你无从得知这辆财富列车到底会开多快，只知道途中需要转几次车，才能到达梦寐以求的终点站。这样再去规划如何过渡人生各个阶段的资产配置，就简单多了。

突如其来的大牛市，让你提前完成了中期投资计划，怎么办？那就提着包转车啊！之后顺利的话，你完全有可能提前抵达终点。法定的退休年龄并不是终点站，如果你在退休时正赶上市场行情比较低迷，也不妨多坐几站。此时你的现金流已逐步断流，不用特地再因为行情低迷而继续调增仓位，暂时维持上一个阶段均衡的仓位配比就好了，多坚持几年静待市场回暖到估值中轴或更高位置时，可以顺其自然调仓防守，步入到下个阶段。

很多投资者会以为"价值投资"等于"长期投资"，误解了价值投资其实需要结合资产的内在价值、业绩等因素来进行综合考虑。假若一家公司的股票在短期内暴涨到透支了未来五年甚至十几年的利润空间，那么投资者就没有必要再去用是否"长期投资"来束缚自己了。市场中永远不缺那些在疯狂追高之后，被长期套牢的投资者。

资本市场有周期，市场的心理预期也是有周期的。更多人会在坐了一程酣畅淋漓的顺风车之后，临时抬高自己的预期目标。财富列车或许可以一直前行下去，碰巧也能抵达彼岸，但谁又能保证不确定的未来呢？投资者必须清楚地认识到，预期收益和实际收益是会存在偏差的。实际情况也许大超预期，也可能低于预期，但不妨碍我们去设计一个合理的远期目标。**投资虽然具有不确定性，但理性投资的时间越长，确定性也会变得越高。预设的目标更合理，也会让自己实现这个财富的目标更容易（概率更高）。**

何时改变你的资产配置计划

（1）投资能力和风险承受力已显著提高。

（2）风险承受力显著降低。

（3）需要临时支取大额现金。

（4）意外获得大笔现金。

（5）家庭状况发生变化。

（6）提前实现财务自由，享受人生。

以上也是个人投资者和机构投资者非常不同的一点，个人投资者的资产配置计划灵活很多，家庭状况发生变化，或者目标提前达成时都可以对资产配置进行二次调整。

各阶段的退出计划应该在你进入之前，就已经提前设想好了。泡沫的持续时间和程度，或许会大大超出我们的预期。在市场狂热中卖出一部分仓位，降低风险头寸并耐心等待下一次理性，远比各位想象的要难。很可能在你卖出之后，价格还在继续上涨，甚至加速拉升。但这不代表，你就一定要去享受这个泡沫盛宴。逆向式调仓，从跨越至少一个周期的角度来看是完全正确的投资策略。你永远无法预知下一次牛市和熊市何时会到来，但你应该知道的是，它迟早都会来，同时你已经做好准备了。我们一同期待那一刻，在不经意间来临。

第六章 超额收益策略

第一节 什么是超额收益

资本市场的收益我们可以理解成两块，一块是贝塔（Beta）收益，另一块是阿尔法（Alpha）收益。简单来说，贝塔收益就是市场涨跌给予的收益，一个贝塔值为 1 的投资组合，即涨跌幅度完全与市场同步，例如我们可以通过简易配置全市场宽基指数基金，去实现跟随股票市场走势的贝塔收益。**阿尔法收益就是投资者通过主动的管理，去跑赢市场或投资基准的那部分额外收益，即超额收益，阿尔法值成为衡量战胜市场与否的一项指标。**

通常，我们寻求更高的回报率只能去承担更高的风险，传统的做法是增加高风险品种的持仓，甚至启用杠杆去提高预期收益率，我们在设计一个可以持续的超额收益策略时，并非一定要这么做。

在现实生活中，资本市场永远不会那么有效，也不会始终保持均衡。就像一个永不停歇的钟摆，资产价格在正中间（合理）位置的时间总是很短暂。所以，获取投资收益不仅仅只有借助上市企业内生价值成长这一条路，利用市场情绪波动、信息不对称等造成的错误定价机会，都可以为我们创造额外的收益。

各位读者不要轻视每年市场中可能出现的阿尔法机会。例如你制订了一个投资计划，将业绩基准设为长期年化收益率 10%（假设该数值与同期指数水位保持一致），如果能在此基础上叠加一个可以大概率实现的超额收益策略，即便未来每年只增厚 2%~3% 的相对收益，那么按此推算，经过 20 年时间的积累，后者的资产终值将会比原计划多出 72%~124%！一个优异的长期投资者，就是靠这么一点点"有限"的相对超额收益，在投资长跑中脱颖而出。

关于投资回报率目标，可分为绝对收益和相对收益。

绝对收益是独立的目标，并没有可对标的指数对比基准，投资者唯一的期望即相对于本金去实现净收益（名义收益为正），比如想在未来半年内获得 10% 的净收益。而相对收益则特指超越某特定市场指数的业绩基准，投资者在制定策略之前，必须先计划自己的预期目标，这里包括设定一个衡量超额收益的基准。

正因为绝对收益中的"绝对"两字，令很多人误解成可以在特定时段内稳赚正收益，大多数投资者都会倾向于追求绝对收益，认为跑赢指数毫无意义，但我并不这么看。**绝对收益对标的"锚"是货币，而信用货币的购买力迟早会大幅缩水，股票本身就是可以持续创造生产力价值的资产，可以间接抵御通货膨胀，所以持有一揽子股票组合的指数是简易的长盈之道，且持有的时间越久，胜算越大，收益越高。**我们在这个基础上再去寻找实现超额收益的方法，那么未来的回报率会相当可观。因此，那些专注于长期收益的投资者，理应淡定地面对市场波动，把资产设定为财富之锚，更多关注相对收益的机会。

还有一点可以肯定，绝对收益策略的重心是安全性，所以在很多时候要动用对冲套利工具，或者大比例的现金类资产等方式来避免市值回撤，以保证在极端下跌的阶段也能够大概率实现正收益，实现绝对超额收益的难度也会更大一些。而相对收益策略，可以将投资组合建立在长期持有权益类资产的基础上进行轮动，对于个人投资者来说也更加容易实现。

第二节　个人投资者的优势

入市之前，我们首先要了解自己的优势和劣势，这样才能弄明白到底应该怎么去做。于是我常常会思考一个问题：个人投资者和那些专业的投资机构相比到底有哪些优势？

一、 消息面

不论是国家新出的行业补贴政策、上市公司发生哪些重大事件，或是当天的市场资金流向，中小投资者总是那个最晚获得消息的人，散户与机构投资者的信息资源并不对称。若在人尽皆知的时候，你再想凭借这条消息去做波段或者短线，显然为时已晚。正所谓：我们看到的，只是别人想让我们看到的。此条尤其适用于投资。

二、 技术分析

柯洁，这位世界围棋史上最年轻的四冠王，在0∶3输给人工智能围棋软件"阿尔法狗"之后发了一条微博："对于 AlphaGo 的自我进步来讲，人类太多余了。"普通投资者作为一个独立的个体，既没有专业的技术分析团队，又没有机会使用市场中最快的专用交易通道，那么还能拿什么来和机构投资者对抗技术优势呢？

三、 资金面

市场中总有一些强势的股票会维持强者恒强的走势，而弱势的股票即便基本面良好，股价也可能继续不温不火，这些差异都是由大资金的中期走向决定的。据不完全统计，当主力资金一致性集中买入某只股票10亿元，就可能引来众多散户70亿元的跟风盘。大资金在一盘散沙的个人投资者面前，很多时候代表了定价权。更多中小投资者选择在后知后觉中追涨，无异于羊入虎口，殊不知主升浪或许已近尾声，此时主力资金已悄然埋伏买入先前的弱势股。

四、 时间和专注力

对于大多数机构投资者来说，不论是自营盘还是客户存入的资金，都面临着定期业绩考核，迎合出资方和客户的偏好，甚至随时撤资的压力，所以他们的资金有更多隐形成本，同业竞争下也会迫使机构团队更倾向于随波逐流的趋势性交易，难有很长期的打算。而我们个人投资者呢？最大的优势，即这笔钱始终是自己的。投资过程中并不存在这些外部压力，只需对自己的资金负责就行，可以专注于长期投资计划。

综上所述，身为最普通的中小投资者，既没有海量的资金、内幕消息、专用交易通道，更没有天赋异禀的才华，甚至连公司管理层的八卦新闻都是最后一个知晓的，个人投资者始终处于资本市场中的食物链最底端。这是一个弱肉强食的市场，散户在资本市场中是不是弱者？当然是！但也不是没有任何优势。

相比于机构投资者，中小投资者最大的优势在于时间和专注力，他们具备相对稳定的现金流，可根据自己的风险偏好，规划个性化的投资周期和方案，而且不会受到过多的干扰。只要控制好情绪，具备一定的投资常识和浅显的交易规则，你并不会比专业投资者差多少的。更重要的是，你在亲自打理自己的资金，没有任何利益相关和道德风险。

如果有可能的话，个人投资者甚至可以在专业机构出现流动性问题的时候，顺便捡些便宜货。比如2004～2005年，场内封闭式基金就曾经在很长一段时间内，按折价40%～45%的价格在交易，而此时险资正碍于流动性压力仍在不断抛售。此后短短两年时间，数只高折价封闭式基金均实现了8倍以上的收益。个人投资者所具备的这些优势，都特别适合我们依据全市场的情绪波动，去参与长周期的逆向交易。可惜很多散户主动放弃了这些核心的竞争力，市场中但凡有什么热点都想着要去掺和一把，结果自然可想而知。

第三节 中国资本市场的特点

1990～1991年，上海证券交易所和深圳证券交易所先后鸣锣开业，中国股票市场正式拉开序幕。截至2020年年底，A股上市公司数量已突破4000家大关，沪深两市总市值超过80万亿元，相比当年"老八股"时的23.82亿元总市值增长数万倍，已稳居全球第二的证券市场，成为全球资本市场主流资金配置资产必不可少的选项之一。

有效市场假说（EMH）即指市场上的所有交易及资产价格已经充分反映了我们所能了解的已知信息，长期维持在一个平衡的状态，只有当新的信息加入时，才会影响价格的波动（比如市场利率调整，或者公司的基本面发生了变化等）。按照市场充分有效假说的解释，股价的任何波动都源于外部事件，这也是理想化的成熟市场。如果市场是强有效的，则任何主动的投资管理都难以实现什么超额收益，那么中国股市，是不是有效的市场呢？

查理·芒格曾在一次访谈中被问道，如何看待中国？针对这个问题芒格感慨道："我喜欢中国，有一些公司已经做强，员工也都很能干。中国的高铁直通城市中心，而且他们不是通过向欧美借钱，而是靠自己攒钱，延迟享受。但他们太爱赌了！你们应该相信概率，而不是运气。"

其实不光是中国，整个东亚文化都会相对嗜赌。这和大家对国人向来追求中庸的印象相悖，为何会这样呢？荷兰社会心理学家吉尔特·霍夫斯塔德在区别文化差异的维度理论中就提到了：不确定性规避指数。报告中显示，虽然中国人常给人谨小慎微的印象，中国文化也历来强调中庸，但中国人的不确定性规避指数在世界范围内偏低，对应的特征是人们对未来充满信心，而对于"与众不同的东西"满怀好奇心，在经济领域更具冒险的倾向。

只要是涉及金钱的游戏，对人都有一种成瘾性。国人喜好的骰子、纸牌、牌九等都有不封顶的玩法，刺激感十足。即使游戏本身确定性并不高的麻将，也可通过翻番的算法将赌注和回报按数倍，甚至数十倍放大，极大程度地增加了盈亏的不确定性，满足了冒险者们肾上腺素上升带来的快感和欲望。

从数据上来看，截至 2019 年全国股票投资者数量达 1.59

亿，其中自然人占比99.76%，散户贡献了82%的交易量，机构只占14.7%的交易量。由此可见中国股市的交易主体，仍以个人投资者为主。较机构投资者，大多数中小投资者往往抱着不切实际的高预期入市，在投资决策时，更容易基于市场传闻及当天的情绪进行交易。群体性嗜赌，外加无资本利得税、交易成本低廉、个人创业更难等客观因素，大家都更热衷于追涨杀跌、快进快出式的高频交易，投机属性下的中国资本市场那么多年来始终大起大落，要么涨过头，要么跌过头。20世纪20年代时，以散户为主导的美国股市也曾经是这样的。

对于中国股市的不成熟，嗜赌和相对感性的投资者过多或许是一个因素，但并不是全部成因。自2001年A股出现了首家退市公司，此后整整20年时间里真正意义上的退市公司仍不到100家，占据上市公司总数量的比例很低，与成熟资本市场退市公司的占比数据还是有不小差距。"严进宽出"的氛围下，早年业绩不佳的ST公司由于规模过小经常会被市场资金爆炒，制约了市场的优胜劣汰和新陈代谢，也进一步诱导了市场参与者的非理性行为。

投资大师们常说指数难以逾越，那么国内的投资者是否也很难跑赢市场指数呢？答案是否定的！虽然中国股市已有30多年的历史，但以上种种都说明我国资本市场还远未达到成熟的程度，或许若干年后随着参与者趋于理性，更多跨境资本加入和注册制的全面推行，市场也许也会变得越来越有效，但至少现阶段来看仍旧只是"弱有效"市场。**在实际交易过程中，市场的定价很可能仅仅因为投资者情绪的波动，而脱离公司基本面合理区间，导致产生错误的定价，这也是我们在市场中实现超额收益的**

源泉。

不过正所谓"盈亏同源",市场中从来没有无缘无故的超额收益。有正的超额收益,就会有负的超额收益(亏损),不管谁领走了这块蛋糕,自然另有他人在为此埋单。今后各位读者是否会参与这类超额收益策略因人而异,但作为个人投资者,很有必要大致地了解一下这些门道,至少可以避免自己陷入被其他人收割的超额亏损处境。由于市场中的大多数超额收益策略都有时效性,我不可能像每周发布的投资期刊那样在书中展示更多的实例,本章会列举几种在市场中比较常见的超额收益博弈机会,希望对各位读者有所帮助。

第四节 逆向投资策略

一、何为逆向投资

人弃我取,人取我与。——《史记·货殖列传》

中国农民一向淳朴、善良、勤劳和勇敢,通过种植致富的却寥寥无几。以果蔬为例,如今商品化率已经达到非常高的水平,按理在需求端大致稳定的情况下,除了进口水果和气候变化等因素,大部分果蔬的长期价格应该稳中有升。但我们的真实感受是,即便在2~3年的短周期,不少蔬菜水果的价格也会屡次出现50%,甚至更高的振幅。在消费者抱怨价格波动的同时,广大种植户却在诉苦:啥贵,啥没种;种啥,啥便宜。

从众心理在其中起到了很大的作用。很多种植户在看到某一种农作物价格疯涨的时候,再去盲目跟风布局,殊不知与此同时也有一大批种植户在这么做。农业生产本身具有周期性和季节性，生产周期也比较长，从种子或幼畜进入生产过程开始，到收获产品的整个生产过程所经过的全部时间，大多需要数月到一年，甚至更长时间。等到这一批次的农作物同时丰收，大量同类商品集中抛向农贸市场，价格瞬间就从上个种植周期的暴涨，沦为暴跌，形成了新一轮的产能过剩。

投资者的不自信也往往体现在喜欢随波逐流。好似大牛市大家都去追涨了，那么涨的时候也跟着赚一点，万一亏了也有人陪，就不用那么害怕了。人性也驱使投资者采用获普遍认可的投资策略，这种从众的投资行为，还可以把今后的盈利归为自己的明智，而把亏损迁怒于他人或者系统性风险，还有比这个更省事的入市方式么？那就它了！

人类是一种社会性群居动物，特别渴望得到他人的认可。大家都这么干，大概率就是正确么？实际情况是，农户种植庄稼时都偏好当年价格涨势好的品种，结果农作物一年贵一年贱不断轮回；家长在给孩子选专业时，偏好当下最热门的专业造成大量的人力资源错配；投资开饭店时偏好当前最流行的餐饮模式，无序竞争之后一地鸡毛；大多数投资者在人潮涌动的时段赶着入市，最终导致巨额亏损。**经济现象背后的客观规律：想要获取超越市场的收益，投资者不能和身边的绝大多数人达成共识。**最终我们不难发现，成功是属于少数派的。

有效市场假说认为股票价格能够充分反映当前的所有市场信息，假设市场是充分有效的，这些是建立在所有投资者都是理性人的前提下。理性的行为通常应该是最合理的，比如身为企业经营者以利润最大化为目的，身为消费者则购买性价比最高的商品，而投资者配置了最高效的投资组合。可现实呢？人性充满了弱点，市场中每天的价格走势，都在体现参与者的心理波动。在极其低估的时候因为恐慌卖出，只因为短期内很可能还会下跌；在极度泡沫的时候继续买入，只因为短时期产生的财富效应，交易行为已完全脱离了价值本身。

集体性的一致行为很难看到智慧的选择，想要挣到这块超额收益，就必须对市场中的主流观点视而不见，并立足于长远。逆向思维也叫求异思维，即当大家都朝一个固定的思维方向思考问题的时候，而你敢于独自朝相反的方向思考。大部分人更关心如何在股票投资上成功，但所有的麻烦都是自己找来的，绝大多数亏损都源于无知和贪婪。如果我们可以像查理·芒格一样那样反过来想一想，怎么才能让自己在股票市场亏损得血本无归呢？或许有几个办法。

（1）买进100倍市盈率的股票。
（2）买进有问题的股票。
（3）买进自己不懂的股票。
（4）像赌徒一样频繁交易股票。
（5）在牛市高位买股票。
（6）在熊市底部卖股票。

没有一个投资者进入股票市场的目的是为了让自己赔得血本无归。既然知道了怎么能让自己的投资失败，那么一定要记住：千万不要那样做。怎样实现成功的投资？查理·芒格首先关心的是为什么在股市投资上大部分人都失败了，这种思考方法源于谚语中所蕴含的哲理："我只想知道将来我会死在什么地方，这样我就永远不去那儿了。"类似逆向思维的方式使芒格在人生、事业的决策上几乎从不犯重大错误。日常生活中多运用逆向思维，或许也能让我们更容易看到事物的本质。

商品的价格是由当前的市场需求引导的，而非价值。一分价钱一分货，这种看似真理实则早已落伍的消费理念，正在被那些善于价格歧视的商家利用，电商时代下的"大数据杀熟"应运而生。**就像资本市场一样，同一家公司很有可能在基本面并未改善之前，就暴涨了几倍，不合理的高价只是给那些坚信"一分价钱一分货"的投资者一个展示自己慷慨的机会。**逆向思维的用途非常广泛，诸如参与消费淡季的打折促销，尽量在非节假日错峰出游等，都是一种逆向式的生活哲学。

此外，不要简单地把"逆反心理"当成逆向思维。逆反心理是指人们彼此之间为了维护自尊，而对对方的要求采取相反的态度和言行的一种心理状态。如果抛开独立思考，只是和所有人都对着干，自以为是一种脱俗，则更似一种不成熟的投资心理。无论何时何地都与常理背道而驰，往往意味着孤陋寡闻、妄自尊大、偏激和头脑简单。这并不是逆向思维，只是固执的叛逆。

股票市场是一个长期可以实现高回报的场所，而在中国它又是一个高波动的市场。我们在市场中进行合理的估值判断，寻找出被市场错误定价的资产，并在风险可控的范围内进行投资，静静地等待价值被更多的资金发掘后均值回归，最终就可以实现跑赢市场的目的。繁荣和衰退不会一直持续下去，逆向投资者总凭借周而复始的经济周期，赚取可观的超额收益。**投资和种庄稼相似，最初始的投资决策到最终的答案揭晓，通常要一个比较漫长的过程，这就需要我们克服从众的心理，否则很难做到"逆周期"的投资思维。**

"逆向投资"是中小投资者实现超额收益的一种有效方式。

你根本不需要内幕消息、技术分析什么的,当别人恐惧的时候你多买一点;让自己的头寸尽量多地布局在市场均值下方,并在市场狂热的时候多少卖一些,长期自然会跑赢市场中的大多数人。

人弃我取,人取我与。这段出自战国时期商人白圭之手的名言,原指商人廉价收买滞销物品,待涨价卖出以获取厚利。早在 2000 年前,古人就已经明白了这个浅显的道理。信息化时代的到来,让这个世界发生了巨变,但有些东西是不会变的。人和人交流的距离短了,并没有让大众变清醒,最大的变化或许就是随着信息传递的加速,躁动和恐慌也好像按了快进键,牛熊周期在更快地进行。只要人性短视的弱点继续无解(恐惧和贪婪),那么使用"逆向投资"方式去实现超额收益的模式将得以永续。

二、逆向投资时,需要解决的问题

1. 时间

每一种投资策略都有其特定的风险,逆向投资的主要风险是"时间"。因为你无从得知何时才能迎来价值回归,想要坚持到最后,也许是等上几个月,也有可能需要几年,这又有什么关系呢?只要我们做到闲钱投资,大部分人都等得起。

巴菲特早在 1977 年就说过:股票不过是穿着股票外衣来参加华尔街化装舞会的、长期回报率为 12% 的债券。能想清楚这一点,对股市进行逆向思维也就容易多了。很多时候市场足以给投资者一眼见胖瘦的机会,你要的只是一个无须猜顶底都能长期盈利的投资体系。

2. 回撤

作为逆向投资者必须清醒地认识到，逆势而行的左侧交易，首要面对的问题大概就是未知的振荡和回撤幅度。逆向投资本就是"三年不开张，开张吃三年"的盈利模式，如果你完全无法承受熊市中投入的资金仍可能继续蒙受 20%～30% 的回撤，那么还是建议你从赌桌上拿走一些筹码，一直减到自己能安心入睡为止。

3. 孤独

电影《大空头》中迈克尔·布瑞通过做空次贷 CDS 大幅获益，完成了值得等待一生的交易，而在之前很长的一段时间里他几乎遭到了所有人的质疑。当一个人遇到挫折的时候，往往会一再自我怀疑，痛苦的时间越久就越难坚持下去。

在市场恐慌情绪下，更多人会对即买即套的交易敬而远之，而去参与追涨杀跌式的"趋势交易"。而同样是这批人，很可能又在下一轮牛市中接受"新"的观点：坚信最简单的"买入+持有"即可实现财富梦想的理念。从众是一种人类的思维定式，它使人产生归属感和安全感，进而消除一部分孤单和恐惧。成功的投资者注定会比较孤独，和身边人背道而驰的过程中也很少会获得赞同感。**你自己深信且完美匹配个人性格的投资策略，才会更容易被执行，否则也长久不了。因此强烈建议量化你的投资体系，也永远不要让自己去参与情绪化的交易。**

以上特征，注定了逆向投资更适合管理自有资金。即便是家庭资产，账户管理者也必须具备足够的话语权，别被任何人打乱自己的投资计划。在为他人打理资金，或者管理私募产品时，如果盲目使用逆向式的价值投资策略，大多数客户并不一定接受你的这套理念，过程中也不一定能承受，那么就很难保持投资的连贯性。遇上半途撤资的话，就前功尽弃了。

当绝大部分投资者都认为，过去几年带来高回报的投资将是好的投资，而非欠佳的投资。于是越来越多的投资者会在接近价格峰值的时候增仓，直到市场资金逐渐枯竭，行情随时会出现逆转。这也是观察市场热度的一种方式，其中包括全市场的成交金额、股东开户数、资产证券化率、新基金发行规模，以及身边中小投资者的情绪等。现在大家都知道了2007年、2015年那般人人都在聊股票的时候，就是非常明确的泡沫，各位读者不妨结合这些市场情绪指标来对比参考。

不要把逆向投资想得过于复杂。你可以把自己想象成一名资产搬运工，定期把在那些风口上的筹码搬离一点，到风平浪静的地方等候。等到它成为下一个风口时，再继续换到下一处风平浪静的地方，如此循环往复。同时不论在市场狂热，还是恐慌的时候，自己都要保持足够的清醒。理想的逆向投资或许就像图6-1中那样，仓位管理和市场估值须呈现完全的相反性，何为贵何为贱，投资者心中要有一杆"秤"。

当然这只是理论上的理想模型，过程中不可能是如此简单的线性变化，毕竟市场本身并不是完全均衡的，你的调仓节点也基本不会和市场的高点或低点完美契合。我们并不需要如此苛求自己，模糊的正确远胜过精确的错误！

摘自劳伦·C. 邓普顿的一段话：牛市在悲观中诞生，在怀疑中成长，在乐观中成熟，在兴奋中死亡。最悲观的时刻正是买进的最佳时机，最乐观的时刻正是卖出的最佳时机。

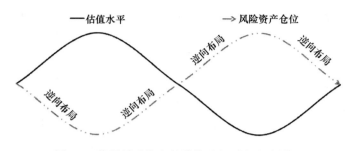

图 6-1　依据风险资产的估值进行逆向仓位管理

第五节　超额收益之基金折/溢价

正如各位读者所知，每只基金都会在每日，或者每周定期公布其最新的单位净值。但如果这只基金还可以像股票那样，同时在二级市场（场内证券公司交易端）进行自由交易的话，那么完全可能由于供求关系的不对等，致使交易时段内的实时交易价与基金份额的实际参考净值（Indicative Optimized Portfolio Value，简称 IOPV）出现一定的偏差，即基金的折价或溢价（见图6-2）。如果读者平时参与 ETF、LOF、封闭式基金等这些场内交易方式的品种，那么务必重视这个现象。

例如封闭式基金在发行的时候规模已固定，待基金份额在二级市场上市后，就可以自由交易了。虽然有参考净值牵制，但日内交易价格仍会受到供求关系的影响。供大于求时价格会低于基金净值出现折价，产生一定的安全垫；供小于求时价格会高于基金净值出现溢价，买入者要承受更多的风险；久期长的封闭式基金出现折价是市场的常态。其他诸如 LOF 和 ETF 基金，也可能

第六章 超额收益策略

因为持仓股停牌、跨市场时间差、申赎限额,甚至申赎附加条件等差异化因素,在交易的过程中出现折/溢价。

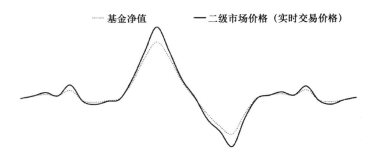

图6-2 基金的折价或溢价

基金的折/溢价套利就是将别人的情绪失控,变现成自己的超额收益。如表6-1所示,当你按每份0.90元的价格买入实时净值为1.00元的基金时,等于在它未来上涨时白送了你11.11%的进攻杠杆(1.0/0.9 - 100%);市场下跌时却增厚了10%的安全垫(100% - 0.9/1.0)。这部分差额,即相对于跑赢市场平均的超额收益。

表6-1 基金折/溢价投资案例

(单位:元)

折/溢价投资案例 (到期折/溢价收敛)	二级市场 交易价格	翻倍后 到期	净收益	下跌20% 到期	净收益
平价买入	1.00	2.00	100%	0.80	-20%
折价15%时买入	0.85	2.00	135%	0.80	-6%
溢价15%时买入	1.15	2.00	74%	0.80	-30%

如果同期还能找到有效对冲工具的话,你甚至可以几乎无风

险地赚取这笔 10% 的绝对收益。**相对于其他平价的交易来说，买入折价资产并等待折价收敛是一种可以大概率跑赢市场的阿尔法策略。**如果投资者是在溢价 10% 的时候追高被套的呢？那么只能希望于之后净值上涨超过 10%，或者被更疯狂的接盘者买走了，除此之外这笔投资都将是亏损的，显然这是被市场收割了。以下罗列我经历过的几次比较大幅的折/溢价机会。

熊市折价篇

2004 年：场内封闭式基金，折价 40%～50%。
2008 年：场内封闭式基金，折价 30%～35%。
2010 年：挂钩中证 800 指数的同庆 B，折价 20%。
2013 年：挂钩深证 100 指数的瑞福进取，折价 20%。

牛市溢价篇

1999 年：场内封闭式基金，上市即迅速溢价 30%。
2007 年：某场内 LOF 基金，持续溢价 30%～40%。
2015 年：场内沪深 300ETF 和恒生 ETF，日内溢价 7%～25%。
2015 年：濒临下折的分级 B，溢价 60%～100%。

中国股市过去 20 年中比较经典的基金折/溢价案例是在 2004—2008 年，封闭式基金曾多次出现 35%～50% 的大幅折价，相当于动态净值每份 0.80 元的封闭式基金，市场价仅按 0.4～0.5 元在交易。被看空的理由，仅仅是因为市场情绪极度低迷且这批基金的封闭期又比较久，让大家感觉距离折价的收敛还很遥远。假如投资者当时以高折价买入并持有两年以上，最终都能实现大幅跑赢市场的超额收益。

同样是这一批老封闭式基金，1998—2000 年上市之初也曾有过 10%～30% 的高溢价。市场狂热的时候游资热炒，散户追逐，这些热门品种只是投资者眼中飞涨的筹码，并没有几个投资者会关心自己究竟多花了多少溢价，在为别人埋单。每一次大幅的折/溢价，市场分析师们总会找出不同的理由解析其合理性。应了句俗话：最昂贵的投资建议就是"这次不一样！"事后看，只是每一轮割的韭菜不一样罢了。随着经济周期的更迭，市场情绪在贪婪和恐惧之间不停地切换，成就了理性投资者的超额收益。

除了买入并持有高折价的基金，静守折价收敛之外，投资者还可以通过场内外品种的折/溢价轮动，去获取超额收益。如图 6-3 所示，这是 2015 年 5～7 月场内广发医药 ETF 每日基金净值与场内交易收盘价格的对比走势图。当时正巧赶上牛市躁动，场内交易价格一度飙升至最高价 3.019 元，相比实时净值溢价超过了 50%。如果投资者刚好持有该基金，可立即卖出场内溢价份额，同时申购换入同样挂钩"中证全指医药卫生指数"的场外平价份额，即轻松获得这部分超额收益。与此同时，对于场内大幅溢价追高买入的投资者来说，解套遥遥无期，妥妥的超额亏损！

短短六周之后，突如其来的股灾又使这只 ETF 出现高达 18% 的折价。在市场活跃期间，大批分级基金、LOF，甚至 ETF 都会出现类似的折/溢价套利空间。

最后，我再抛砖引玉一个曾经使用过的同类型 ETF "搬砖"策略（见图 6-4）。2012 年 5 月至 2015 年 12 月，以两只同质化的沪深 300ETF 作为指数基金底仓去长期持有为例，每日临收盘前统计两者的折/溢价之差，切换入其中那只相对折价大于

0.3%的品种（未达切换阈值时无须交易）。整整3.6年的时间，累计操作36次，最终该策略年均跑赢指数基准9.9%。这是一个相对高频的超额收益模型，并非建议读者也这么做，但大家可以在市场中留意类似的机会。

图 6-3　折/溢价互换实例（广发西药 ETF）

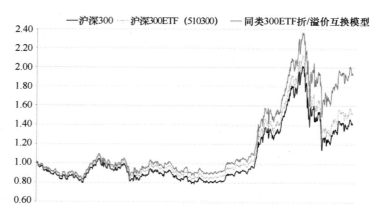

图 6-4　折/溢价互换实例（沪深 300ETF）

基金的折/溢价，并非中国股市独有的现象。在 2008 年金融危机美股探底之际，美国某只挂钩标普 500 指数的公募基金的场内折价曾经两度刷至 15%，而短短一年前的牛市，这只基金还曾经溢价 20% 之多。2020 年 3 月新冠肺炎疫情在全美升级，美国投资级公司债 ETF 盘中交易时也折价了 5%，高收益级市政债 ETF 更是在盘中刷出折价 27.9% 的惊人数据，此后一周才逐渐修复至平价。成熟市场中基金大幅折/溢价的现象，通常出现在非常极端的行情下，而在新兴市场出现的频率则会高许多，仅仅因为游资突袭带动的一次局部市场躁动就可能导致 10%，甚至 30% 以上的溢价。

贪婪、恐惧和盲从，这三种投资者的常见情绪，是市场中常会阶段性出现大幅折价或溢价的主要原因。尽量克制这些人性的弱点，是实现成功投资的基本素质。**投资者同时要谨记，折/溢价率并不是衡量基金投资价值的唯一标杆，我们要辨证地看待市场中的这些折/溢价现象**。须充分理解了折/溢价的原理和成因，并综合了标的投资价值、交易成本、流动性、调仓时间差、品种相关性等细节后，再去权衡是否参与类似的套利。

第六节　超额收益之认购新股

2007 年 11 月中国石油成功登陆 A 股，即便公司在上市首日的股价就已经比同股同权的港股中石油贵上三倍，但依然抵挡不住国内投资者的参与热情。当天公司总市值创下了历史最高的 7 万亿元人民币，勇夺全球市值最大的上市公司桂冠。可时至今日，中石油的总市值已较上市之初缩水了近 90%。当初市场资金为何如此狂热？

　　首次公开募股（简称 IPO），即一家公司第一次将股份向公众出售（公开发行）。而任何股票在发行和上市时，承销商和上市公司都会为之编织美好的未来。就像当时中石油的管理层对外宣称的那样："中石油是亚洲最赚钱的公司，不是之一，是第一！"即便是最传统的行业，鉴于大家对新上市公司美好的愿景，以及没有历史套牢盘等特征，新股在刚上市时都很容易受到市场资金的追捧。新公司潜在的问题再多，在乐观者眼里也不是什么问题。

　　短时间内，供求关系和商品的多寡决定了交易价格。因此新股上市首日即遭爆炒，股价一步到位，也是全球资本市场的普遍现象，只不过国内股市更甚。我曾在十几年前，先后将 30 只中签上市的新股各自保留了一手进行长期观察，数年之后仅有两家公司获得了比较满意的投资回报率，其余超过半数的股票都跌成了零头，该试验组合的整体收益也大幅跑输同期指数基准。这次经历告诉我，除了炒作次新股的胜算不高之外，长期持有新上市股票的成功率同样很低。**所有新事物都可能面临更高概率的失败和更大的风险。**

　　西格尔教授在《投资者的未来》中也提到：为什么新公司带动了经济增长并使美国经济领先于世界，但它们的股票在市场上的表现却反而会落后？答案很简单。尽管新公司在利润、销售额甚至市场价值等方面都比老公司增长得更快，但是投资者为这些新公司的股票所支付的价格实在是太高了，以至于无法得到较高的收益。**既然市场参与者普遍认可新股的价值会远高于行业平均水平，一上市即享有超高的溢价，那么投资者去选择那些新股**

上市首日极少破发的时段积极参与新股申购，待中签上市后直接卖出赚取差价，就成为一种相对低风险的套利方式。

以下是我统计的沪深 A 股历年网上打新收益率（截至 2020 年）。

1997 年度：大于 90%（现金申购）。

1998 年度：大于 50%（现金申购）。

1999 年度：37%（现金申购）。

2000 年度：20.67%（现金申购）。

2001 年度：35%（现金申购）。

2002 年度：15%（市值配售）。

2003 年度：10%（市值配售）。

2004 年度：10%~15%（市值配售）。

2005 年度：10%~15%（市值配售）。

2006 年度：11.44%（现金申购）。

2007 年度：27%（现金申购）。

2008 年度：3.93%（现金申购）。

2009 年度：15%（现金申购）。

2010 年度：20%（现金申购）。

2011 年度：10%~15%（现金申购）。

2012 年度：8%~12%（现金申购）。

2013 年度：暂停。

2014 年度：10%~15%（现金申购）。

2015 年度：15%~25%（现金申购）。

2016 年度：6%~20%（市值配售）。

2017 年度：4%~17%（市值配售）。

2018 年度：3%~6%（市值配售）。

2019 年度：3%～10%（市值配售）。
2020 年度：7%～19%（市值配售）。
历次 IPO 关闸：
1994 年 7 月 21 日至 12 月 7 日。
1995 年 1 月 19 日至 6 月 9 日。
1995 年 7 月 5 日至 1996 年 1 月 3 日。
2001 年 7 月 31 日至 11 月 2 日。
2004 年 8 月 26 日至 2005 年 1 月 23 日。
2005 年 5 月 25 日至 2006 年 6 月 2 日。
2008 年 9 月 16 日至 2009 年 7 月 10 日。
2012 年 11 月 16 日至 2014 年 1 月 8 日。
2015 年 07 月 04 日至 2015 年 11 月 30 日。

注：历史数据仅代表当年的市场平均收益率。投资者参与的时段越短、资金越少，实际收益可能越偏离市场均值，拼得就是运气了。

我们可以在此基础上衍生出不少收益增厚策略。比如在现金申购的时段，"新股认购"是非常卓越的固收策略（绝对收益）；而 2016 年至今，沪深 A 股 IPO 始终沿用了市值配售制度，它就成为一种确定性较高的权益类超额收益策略（相对收益）。

基金配置策略： 各只基金也会按照所持的股票市值进行网下新股申购，最终新股套利收益会体现在基金净值中。如果你的投资方式是偏中长期的基金组合，那么在全市场同质化的指数品种中，优选规模适中（匹配当时网下申购制度）且比较积极参与打新的指数或指数增强型基金。这是很多中小投资者，可以稳健地跑赢指数对比基准的一种超额收益方式（见图 6-5）。

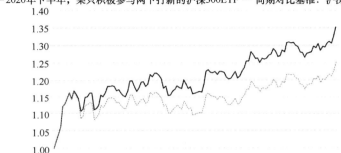

图 6-5　2020 年下半年，某只积极参与网下打新的沪深 300ETF 的走势

指数化股票组合策略：如果你对股票组合投资和指数化配置有很深刻的理解，倾向于自己构建一个指数化的股票组合，那么完全可以在配置股票组合后积极地参与新股认购，也能够长期获得新股上市溢价的红利。当然这种策略需要投资者具备非常丰富的投资经验，以及足够的资产规模，因此它具有一定的投资门槛，并不一定适合所有投资者。有兴趣的读者，详见之后章节。

第七节　构建永续的股票组合

分散化是个人投资者免费的午餐。但按照哈里·马科维茨的现代证券投资组合理论，个人投资者如果想构建多元化的投资组合，交易成本会非常惊人。可以设想，假如你想要像指数基金那样，配置了由上百只股票构成的投资组合，去做分散化投资，肯定要执行更繁杂的仓位管理和更多的交易，这样会大幅降低投资的效率。那么，到底是投资股票，还是投资基金呢？

一、指数基金,还是股票组合

1. 知识层面

普通投资者想做好股票投资,须同时具备宏观经济、行业选择、财务基础、个股估值、技术分析、交易规则等海量的专业知识储备。准备在股海中长期生存最好是构建一个相对均衡的股票组合,这还需要一定的资产配置基础和上佳的投资心态去驾驭这个组合。相比之下,指数投资则简单许多,大致判断预期,并根据历史水位定义当下指数所处估值区间,合理地制定仓位计划就可以把投资做得很好。**"股票投资"需要大得多的能力圈,对此各位读者必须有一个清醒的认识**(见图6-6)。

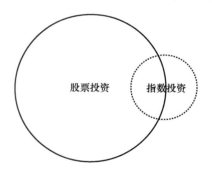

图6-6 指数基金与股票组合需匹配不同的能力圈

2. 风险与收益比

相比指数基金,股票投资可以做到持仓相对集中,为短期暴利提供更多可能性,确实更具魅力。而指数投资因其本身持仓已极度分散,让大多数参与者的收益区间更趋向于全市场平均水平,也更容易将损失控制在可以预计范围之内。**投资个股对于投资者而言:攻强守弱,无论参与任何品种,关键还看自己的投资预期和承受力,据此找到一个平衡点。**

如图 6-7 所示,不同的投资策略在风险和收益上会呈现正态分布。随着股票组合风险度的提高,具长尾现象,即增加了暴赚和暴亏的可能性。

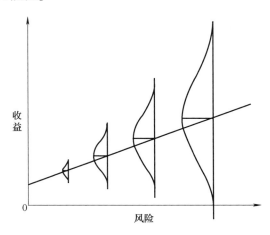

图 6-7　风险与收益之比

3. 时间和精力

我身处全国金融前沿的上海,接触过不少在 20 多年前就已经投入了几十万元巨款,但至今资产规模仍并未见长,甚至越炒越少的老股民。难道是他们不够勤奋么?可其中并不乏成天盯盘、精读研报,并对当前大势说得头头是道的人,投资从来就不是多劳多得的游戏。对于始终未找到盈利之门的投资者来说，亏钱事小，日夜操心股市，耗费大把光阴就不值当了。尤其那些正处于事业上升期刚开始积累财富的青年人，理应尽量简化投资方式，把更多的时间留给工作、学习和生活。

我曾不止一次和身边朋友提议，定投或逢低布局指数品种是一种高性价比的策略。 当年随意买入几只折价的封闭式基金持有至今（到期转开后继续持有，或换入指数基金），最傻瓜的操作在十几年后都能收获到七八倍的收益。待你确定具备了超越上述收益的能力之后，再去考虑付出更多吧。

4. 情绪控制

大多数投资者都经历过只涨指数，自己的持仓却不挣钱；或者指数明明没有下跌，手中的重仓股却崩了，类似的经历极其糟心。烦恼之余，决定忍痛卖出改追热门品种，结果新买的品种又开始跑输大势，甚至调头往下了，长此以往必然大幅跑输市场（负的超额收益）。

我们可以把配置策略大致分为：宽基指数组合（或其他指数工具）、自建均衡的股票组合、精选行业基金、持有一只蓝筹股、集中持有中小市值股票这五大类。**越靠后的配置方式，与全市场指数收益的偏离度也会越大。** 各种策略之间并没有绝对的好坏之分，只是游离于主流指数之外的个性化投资，除了具有更低的确定性，还需要投资者有更强的仓位规划，同时非常考验投资者的业务能力和情绪控制力。尤其是每当自己持有的个股持续落后市场平均表现时的情绪控制力，也成为很多投资者无法实现自我超越的一大瓶颈。

二、股票组合的超额收益来源

资深投资者通过长期积累的经验赚取超额收益，正是从很多自以为发现了赚钱机会的新手那里获得的。因此本策略只适合具有较强实战经验、资产配置基础、上佳心态，以及足够自律的投资者。以下把自建股票组合的投资收益构成拆分成四部分解读。

1. 市场指数的上涨轨迹：年均按 8% ~ 12%

全市场指数价格走势，真实地反映了该类资产当前的位置和历史回报率，这也是投资者在主动管理组合时应参考的业绩基准。参照第一章关于"国证 A 指"的统计，由于指数对应的净资产每年都会随着企业创造的利润而增厚，因而我们始终处在一个底部逐级抬高、长期年回报率在 10% 以上的资本市场中。投资者也可理解成：假设在估值比较合理的位置，构建一个足够分散，可以与市场走势保持一致的投资组合（或者全市场指数基金），那么就能够实现相应的投资回报率。

2. 全市场股息率：年均按 1% ~ 3%

指数的成分股每逢派息日，股价都要除息，但主流指数并不会予以相应修正，而是任其自然回落。所以大部分指数并没有包含样本股分红派息的数据，在实际投资过程中都会有这项收益。即使指数在整个年度不涨也不跌，投资者也可以额外赚取这部分股息收益（无论是持股或是持有指数基金）。在指数叠加了这部分股息之后，才是股票给市场提供的真实回报率。

3. 择股超额回报

在上述基础上,如果构建了长期价格走势超越市场平均的股票组合,即实现了正的超额收益;反之则是负的超额收益(跑输指数基准)。一旦你选择了大幅偏离市场的投资策略(比如集中持股),那么就要面对现实:你的业绩可能大幅超越市场,也有可能大幅落后!这也是投资股票组合与指数基金的主要差异,每一位投资者的长期回报率都非常分化。

4. 申购新股套利

在国内的新股上市首日很少破发的大背景下,"打新"相当于是对长期持股者的一种额外奖励。参与打新的风险相对比较低,也很容易实现正回报。对于股票组合管理者来说,打新、缴款、卖出变现等一系列工作都需要自己来完成,长期坚持显得尤其重要。

以上梳理就很好地解释了,为何一名优秀的投资者完全有可能在全市场水位年均超过 10% 的大背景下,通过择股超额回报和打新套利收益各自再稳稳收获年均 5% 左右超额收益,长期即能实现超过 10% + 5% + 5% = 20% 的年化回报率。而对于选股和组合管理均一窍不通的投资者来说,即便有股息和新股中签收益贡献现金流,但股票底仓常年大幅跑输指数基准,炒股对他而言恐怕是一场噩梦。

三、构建攻守俱佳的股票组合

1. 股票数量的确定

马丁·J. 普林格所著的《积极型资产配置指南：经济周期分析与六阶段投资时钟》中提到：分散投资的一个潜在优势是，它允许我们对投资组合做出渐进式的改变。市场环境不会在一夜之间被改变，但是它会以一种缓慢的、深思熟虑的方式进行。假设我们购买12只不同的股票，表面上我们对每一只股票都承担风险，然而对整个组合来说风险被分散了，它比我们只购买一只股票的风险要低得多。

很多投资者都知道"不要把鸡蛋放在一个篮子里"的道理，但具体落实到股票组合中，到底配多少只股票才是合适的呢？个人投资者的持股数量肯定不能太多，毕竟每个人的时间和精力都比较有限，如果都像指数基金那样分散成上百只成分股的话，即没有多少主观的决策，那么还不如直接投资指数基金，何必给自己增加工作量呢？

有人对投资组合中的证券数量做过一个关于风险和分散投资的模型，发现持有一只股票渐进至六只股票时，投资风险是急剧下降的。而当增加到七只股票或更多时，风险仍会降低，但降幅已经很少了。

根据类似的理论，建议个人投资者在构建组合时的股票数量可以按8~15只来配置，这样基本就能做到分散均衡了。如果起步阶段资金规模有限，所选的股票彼此间行业相关性不高的话，那么配置5~8只基本也差不多了。

2. 市值加权，还是等权

假设现在由读者设计一个"类指数化"的投资组合，按量化指标筛选出 20 只股票（定期调样 2 只），期初每只分配 5% 仓位，半年之后所有的股票会涨跌不一，以下给你两个选项：

A 方式：对所有股票的仓位进行再次调平，均回归至 5% 仓位。

B 方式：主要成分股继续任其涨跌，仅根据剔除标准进行调样。

A 方式是等权重（Equal Weight），即长期保持每只股票的占比均一致；B 方式是加权法（Cap Weight），也是目前主流指数的编制方式。最早的道琼斯工业指数就是按等权配置编制的，即平均值，为何之后的标普 500 指数和如今大多数主流市场的指数均采用了市值加权呢？根本的原因在于，市值加权是贯彻"买入并持有"最彻底的一种方式，通常只有定期替换尾部少量成分股，或者红利再投时才需要进行必要的交易。按市值加权运营组合即由个股随着市值波动，今年涨多的股票自然享有更多的权重，会相应产生更少的成本。

等权组合将所有成分股定期进行平均，这项频繁调平仓位的工作，不光大幅增加了调仓成本，还会扼杀组合中龙头公司创造的价值，即好公司永远给不了更多的权重，进而影响了长期回报。等权组合只能是阶段性投资策略，比如在市场风口偏向于中小市值成长股的时段。**我建议放眼长远的投资者，在管理投资组合过程中采纳加权法，或者相对灵活的方式，同时给每只股票设定一个仓位上限，诸如 25% 或 30% 之类。**

3. 关于调仓的管理

早年我曾给朋友推荐过一个由五只股票构成的投资组合：几年后它们的大致涨幅分别是280%、100%、80%、30%和-40%，如果期初五只股票分散配置，并不做任何调仓的话，最终可实现90%的整体收益率（未含打新套利收益），而同期上证指数涨幅仅40%。当我再找他了解实盘情况时，却告诉我已全仓亏损近三成。因为在这个过程中，他会随时把刚开始浮盈的品种清掉，腾出的资金用于"抄底"那只仍在下跌中的股票。

投资者处于盈利状态时是风险回避者，而处于亏损状态时是风险偏好者。这便是前景理论中的处置效应，投资者在处置股票时都倾向卖出赚钱的股票继续持有赔钱的股票，所谓"出盈保亏"。如果你无法辨别哪些是鲜花，哪些是杂草，不如再多看一看，也比这样不断地拔掉鲜花要好（过度干预）。

均值回归理论并不适用于所有个股。卖出股票的理由，应该只有公司基本面出现不可逆的下滑、价格严重高估和有更好的选择这三种，而不应是暂时的盈亏与否。二八定律特指约20%的变因操纵着80%的局面。股票组合亦是如此，很可能筛选出的个股超过半数平淡无奇，最终大部分收益依靠少数几个长期业绩高增长的企业，整体收益仍会令你非常满意。所以不要因为某个品种出现浮盈就早早下车，也不要因为暂时浮亏就去追加，务必把你的账户理解成一个资产组合包，专注于资产整体的增值。

乐视网在股价闪崩之前仍是沪深300指数成分股，这又有什么关系呢？个别股票暴雷后可以被直接剔除掉，这并不妨碍组合综合下来仍是一个长盈的体系，继续追求长期年化超过10%的收益目标。指数会根据调样阈值定期为你剔除迅速陨落的公司，换入新的成分股。这些让你心里添堵的脏活累活，已自动替你干完了，而投资者在管理组合时，这些工作都需要自己来做。这就要求投资者要像基金经理那样，管理自己的组合。

关于沉没成本：凡是在投资中获得成功的人，通常都不会纠结于个别品种的得失。而拘泥于任何的一点点回撤，并试图去挽回的人，通常会陷于泥潭中无法自拔，去死磕一只股票而越陷越深。不论投资还是做事，都别抱着百战百胜的心理预期。**要对个别品种意料之外的下跌，有足够的心理准备，靠均衡配置的组合去化解这些意外**。如果你始终无法战胜这些心魔，不建议去投资任何个股。

4. 选股的核心逻辑

自己购买股票组合的好处是，可以更灵活地进行资产配置，且只要严守中低频交易的原则，交易成本也会很低。比如对自己偏好的行业板块，或者优质公司进行一定的配置倾向，但又有规划大致的行业和个股上限来控制过程中的风险，相当于设计成一个长期跑赢基准的类指数增强组合，这也是在"守正出奇"的大方向下实现超额收益的一种方式。

不可否认，很多公司选择上市的初衷就是为了圈钱。其中又有一部分企业在上市后的若干年里，经营始终停滞不前，甚至连年亏损。之后或许也有个别机构或游资进行恶意炒作，吸引一些股民跟风。但长期来看，这类价值毁灭型的公司终将成为"散户绞肉机"。因此，我们在给长期的股票组合筛选底仓品种时，应尽量避免此类标的。**选股时谨记：理性的投资应选择那些可以逐**

年创造内在价值的"生意",而不是"筹码"。

在正常情况下,若投资者持有的企业组合,年均净资产收益率能够维持在 10%~12%,甚至更多时,那么在叠加了股息率和打新套利收益之后,这笔投资有望实现年均至少 12%~18% 的增速。假设同期市场估值维持不变,那么你的资产每隔 4~6 年至少可以实现翻番。**假如你还能够有效利用市场中的周期性躁动,在低估的时候买入更多资产,高估时再还给市场一些溢价筹码,长此以往,你的财富之路必将走得更宽,这也是我们构建长线股票组合的核心逻辑。**

我个人关于股票组合的配置原则

(1) 组合分散配置至少 8~15 只股票。
(2) 单个行业和股票,严控在 30% 仓位以内。
(3) 在估值不是很贵的时候,分批介入。
(4) 强周期和弱周期品种,均衡配置。
(5) 低估价值和成长品种,均衡配置。
(6) 大市值和小市值品种,按 7∶3 分配。
(7) 择机审视上述仓位配比,予以动态平衡。
(8) 择机将收益显著大于风险的品种,替代入组合。

有哪些预期收益显著大于风险的品种?
(1) 公司基本面尚可,平价且面值附近的可转债(110 元以内)。
(2) 事件驱动:相对保底的要约收购类个股。
(3) 危机下估值具性价比的行业细分龙头。
关键词:适度分散、风格均衡、超额品种、逆向交易、动态

平衡。差不多每隔几年市场的风向都会发生变化，尤其在存量资金的震荡市，因此我们很有必要将不同风格和不同市值规模的股票均衡配置在投资组合中，这样也可以享受到不同行业二八轮动等周期性波动的超额收益。

此外，建议给组合配置一定比例的指数权重股以追求尽量跟上市场的步伐，从而避免过多落后指数的风险，这有助于减轻长期持有过程中的压力。均衡稳健的投资组合，可长期立于不败之地。

第八节　多因子量化模型

指数基金可以迅速地将投资组合多元化、分散化，成为个人投资者在资产配置时的首选产品。

市场中主流的指数产品，即传统的宽基指数，例如最具代表性的上证 50 指数、沪深 300 指数、恒生指数、标普 500 指数等，它们帮助投资者实现一劳永逸的配置方案。但这些头部核心指数多采用流通市值加权方式，例如个别上市公司的市值仅仅因为被市场资金炒作而激增，但同期公司的业绩并未明显改善时，等到指数调样日照样会被纳入指数成分股。这种以规模为先、追涨杀跌式的筛选方式，也常常被一些投资者诟病。

如今越来越多的个人投资者，都在寻找更好的资产配置投资工具去实现他们的长期投资目标。于是诞生了 Smart Beta 指数，即聪明的指数。Smart Beta 指数大多以特定因子作为策略指标，包括基于估值、红利等基本面指标为基础的基本面因子，关注动能、走势的技术面因子等。旨在跟踪市场获取贝塔收益的被动投资，在结合了多因子模型进行优化之后，增加了更多灵活的主动投资策略。目前，中国指数市场的主流因子包括价值、成长、红利、波动率、质量等。

比如在结构性行情中，部分板块会持续上涨，而其他大多数板块只是微涨，甚至不涨，此时主流宽基指数内成分股的估值也可能呈现出极度的分化。这时候投资者就可以选择配置 Smart Beta 指数中最经典的基本面指数，来规避这些估值过高的成分股。基本面指数投资策略是由美国锐联资产管理公司主席、创始人罗伯特·阿诺德（Robert D. Arnott）在《基本面指数投资策略》中率先提出，基本面包括了公司的账面价值、营业额、现金流和股息等诸多最能反映公司经营和盈利能力的指标，计算公司的内在价值并构造指数进行投资。这种因子模型可以剔除因为二级市场资金面热度带来的投资导向。

作为相对新兴的基金产品，近几年来 Smart Beta 指数产品已在全球范围内发展迅速，截至 2020 年年底全球市场 Smart Beta 产品总规模已突破 1 万亿美元，成为投资者的新宠。相比于投资主动基金，Smart Beta 指数产品从一定程度上降低了风格漂移、集中度高、阿尔法收益可能为负等问题，相比于传统的以市值加权的被动投资，Smart Beta 指数产品也规避了"追涨杀跌"难题，并通过主动暴露特定风险获取更高的风险收益比，且同样具有很高的市场容量。Smart Beta 被认为是一种介于贝塔和阿尔法之间策略，既能做到了风险分散、成本控制，又可以实现阿尔法收益，它结合了被动投资与主动投资两者的优点，是集两者之长的进化型产品。

投资者可以把 Smart Beta 指数理解成传统宽基指数的 2.0

版,相当于给我们提供了更多增厚收益的选择。其投资难点在于筛选因子,按单因子筛选时或许不够保险,但多因子模型又可能使筛选方式过于复杂,容易步入回测的陷阱,同时随着对因子的深入研究与频繁的投资变动也会导致更高的成本和风险。

现如今更多因子下的策略指数基金,如雨后春笋那般冒了出来,作为一种适量主动性的ETF,怎么找一个平衡点?这取决于你到底能接受多少偏离全市场的跟踪误差。我们投资的初衷是为了承担有限的风险,争取更大的收益率,投资者在选择因子模型时,不要一味地押注当前收益率最高的产品,找到与你的投资逻辑吻合的产品最为重要。**我个人更倾向于选择一个适应性强的 80 分策略,而非当下回测历史收益率最高的所谓"满分"策略。**

也许您是一位完美主义者,但务必要理解这个世界上并没有100%完美的投资策略,也不存在可以全时段跑赢全市场的Smart Beta指数投资策略,到底是长期持有,还是阶段性的轮动,投资者需要早做打算。Smart Beta 指数产品用不用,怎么用,每个人都有自己的想法。对我而言,一个风格和优缺点都很鲜明的 Smart Beta 指数产品,就是一个非常好的指数工具,也期待国内市场以后能看到更多定制化的产品问世。

第九节　期货和期权等衍生工具

金融衍生工具,是指一种根据事先约定的事项进行支付的双边合约,即持有人通过缴付一定比例的保证金,即达到近似于直接持有某项资产的效果,金融衍生工具是相对于原生金融工具

（例如 ETF）而言的。巴菲特曾说过：金融衍生品是"大规模金融杀伤性武器"，具有毁灭性的风险，我对此深表赞同。这也是很多投资者比较惧怕衍生品的原因，如果你是天生比较谨慎且比较有条理的投资者，反倒可以用这些工具，只用少量保证金去获取有效的风险敞口，有助于控制全盘风险。

投资工具根据风险的大小，依次是国债、银行理财、债券、股票和金融衍生品，金融衍生品显然是投资风险最高的。对于没有完整体系的投资者来说，衍生品增加了亏损的概率。但基于其杠杆和低交易成本的特性，对于专业和谨慎的投资者而言，是一个获得超额收益的灵活补充，同时衍生品也有助于更快捷地洞察市场走向。

在资产配置时结合期货、期权工具，可以帮助投资者无须支付全部现金即获得一定的敞口，通常它们的保证金比例只有风险敞口 10%～20%，甚至更低，极大程度为投资者腾出现金头寸以确保流动性。类似衍生工具可投基础变量的种类繁多，主要是各类资产价格、价格指数、利率、汇率、费率、通货膨胀率等，相对于单纯的基础资产工具，对标的资产价格、市场利率、合约期限、波动率、流动性，甚至对手盘等都是投资衍生品时必须关注的要素。

股票指数期货（Share Price Index Futures，简称 SPIF），能满足大资金对于股票市场的配置需求。与传统配置指数基金的方式相比，衍生品替代具有更低的交易成本、更多的现金头寸，可以实现更多超越市场的战术性配置等优势，从某种程度上来说，衍生工具组合投资更高效。但这种投资策略同样有致命的缺点：投资门槛比较高。比方一手沪深 300 期指合约就要十几万元，如果组建一个足够多样化的衍生投资组合，很可能需要至少数百万元以上的资产，方能满足各项衍生品持仓保证金的要求。除此之外，不论是期货还是期权都会面临合约到期问题，每隔几个月就要进行轮换跨期合约的操作。因此对于大多数个人投资者而言，如果只是被动地长期跟踪某个指数，指数基金总体还是会优于衍生品。

按道理，期货合约的收益率，约等于现货到期收益率减去同期融资成本。但值得注意的，由于市场融资成本的变化、成分股派息、参与者的情绪差异，外加股指波动率等因素，并不能保证期货价格和现货价格的走势完全一致。这也是衍生品投资过程中，一项需要重视的不确定因素。

与期货交易相比，期权给投资者提供了更加灵活的选择。例如可以根据自己的需求，制定限制组合风险范围、波动率交易、低风险组合套利等投资策略（见表6-2）。

表6-2 期权的主要交易动机和风险

品　　种	交 易 动 机	风　　险	说　　明
看涨期权	认为要向上突破	未达预期价，期权归零	
持有正股，卖出看涨期权	股价小浮下滑，可通过出售该期权收益抵消	近似于持股	赚取期权的权利金
看跌期权	预期正股下跌	未达预期价，期权归零	
持有空头，卖出看跌期权	股价小浮上涨，可通过出售该期权收益抵消	近似于卖出股票（融券）	赚取期权的权利金

衍生工具应用实例

例1：原计划配置100万元某指数基金，现有一个隐含10倍杠杆的指数衍生工具，投资者可执行以下策略：买入衍生工具10万元 ×杠杆倍数10 = 等效仓位100万元。类似的对位互换，使得投资组合获得了同样的风险敞口，但腾出的90万元可以作为现金储备，继续博弈其他绝对收益机会。与传统指数产品择优互换是衍生工具提供的一种可选项。

例2：投资者在阶段性止盈时，若想把整个组合的风险敞口收敛（调低仓位），通常做法是卖出原先持有的股票资产，这样就会产生一定的交易成本，甚至其他税费。如果借用金融衍生工具的话，比如融券做空一部分头寸，或者买入看跌期权，即同样实现了有效降低仓位的目的。

例3：持有100%固定收益类产品，再将每年的利息所得买入看涨期权（Long Call），构建成一个既可以保障本金安全，又能博弈指数涨幅的低风险组合，很适合谨慎看多的保守型投资者。

例4：假设你的投资组合，或选取的资产管理者，可以帮你稳定的获取阿尔法收益，例如年均跑赢指数基准7%，那么你就能够通过同时使用做空工具，把这部分超额收益单独剥离出来，以获取这7%的绝对收益。当然这只是一个理想结果，虽然在整个投资过程中还需要考虑各种变数，例如超额收益的不稳定性以及做空工具的市场定价波动等,但这仍是一个值得借鉴的思路。

综上所述,衍生工具比较适合去合成出一个投资组合,只要投资者的思路足够开阔就可以利用衍生工具,实现更多超越市场的战术性配置。但切记,他们只是实现更多超额收益的手段,并非实现暴富的捷径。

第十节　降低你的交易频率

"近乎懒惰的无为,应当是投资风格的基石。"——巴菲特

客户经理总爱在散户群里每日推送板块热点和买卖建议,这种"及时"提供信息,鼓励客户进行频繁交易,并从中收取手续费或提成的模式,可称之为躺赢式盈利。太多散户自认为可以抓住市场中的每一次波动,特别热衷于高频交易。交易的增加是否会增加收益尚且是个未知数,但因为交易的增加,交易佣金和税费肯定会消耗掉你收益中的一部分,除此之外还会涉及很容易被忽视的买卖价差成本(Bid-Ask Spread),在抵扣掉所有这些摩擦成本后,你跑赢市场会变得更加困难。

美国股票市场近几十年的资产回报率达年化8%～10%,但散户的数量仍迅速减少。这是什么原因呢?某智能投顾统计了一项数据:散户跑输市场的投资行为中,频繁交易和换仓,会让投资者每年损耗掉1.5%～6.5%的收益,另一项则是高买低卖或许各位读者总觉得这和自己没有关系,其实很多人参与这种行为时并不自知。好比现在有10万元闲钱,初始投入1万元,在一轮大牛市后翻倍变成2万元。此时仿佛找到了成功之道,在市场非常高估的位置投入了剩余的9万元,这就是一种典型的高买行

为。大家总认为择机而动才能获得高回报，而非简单长期持有，此类投资行为又会年均损耗1.2%~4.3%的收益。

一个长期年化收益率8%~10%的成熟市场，这两项投资行为都会莫名吃掉了2.7%~10.8%的年化收益，那么长期下来你恐怕就是在白忙。中国股市相比于成熟的美股市场，有着更高的换手率（美股年均换手率在200%左右，A股年均换手率在400%）和更大的波动性。如果投资者执着于高频交易和追涨杀跌，那么长期很容易跑输市场更多，甚至出现大幅亏损。从降低交易频率做起，就可以很有效抵御类似的本金折损。

在选择投资渠道时，我总建议大家应该尽量选择费用更低的交易账户，毕竟这是提高收益的最简单方法。但降低交易成本，不仅在于交易时的费率，更关乎投资者的交易频率。有时候交易更便捷的品种，或费率相对实惠的交易账户，反而导致了一部分参与者的过度交易。低佣不应该成为我们去做高频交易的理由，不然就失去当初优选品种和交易渠道的初衷了。

约翰·博格曾做过一个统计，在1980—2010年期间ETF投资者的年化收益是7%，普通指数基金投资者的年化收益率是9%，相比而言ETF投资者的年化收益率还更低。给出的解释是ETF的交易太方便了，尤其对于容易过度交易的投资新手来说，频繁交易不仅造成了大额的交易支出，同时还会面临很高的踏空风险。

人类在驾驶过程中的临时加塞、开斗气车等无谓的情绪化行为，只会增加行车风险。无人驾驶汽车的一个出发点是减少人为因素引起的交通事故，所以无人驾驶系统在设计变道行驶时会通过认识、理解、决策三个步骤来分析如何变换最优的车道，以确保足够的舒适度和安全性，也会大幅减少不必要的变道行为。投资者同样喜欢频繁交易的快感，交易越频繁，情绪主导的比例也会越高。无法控制自己的交易欲望，除了投资认知上的偏差之外，最主要还是未能说服自己去延迟满足。快进快出的愉悦感终将消逝，取而代之的是长期难以盈利带给自己的苦涩。

当人被勾起欲望的时候，往往就会破绽百出。

一年有365天，其中交易日约244天左右，如果投资者每天都冒出一个新的想法，那么多做只可能多错，长期是很难挣到钱的。我们要避免把时间消耗在低价值，甚至负价值的工作上，不妨适当降低交易的频率，多留些时间给阅读和思考。**我长期投资比较坚持"少就是多"的原则：把投资组合品种尽量简化，同时减少决策的次数，不要把投资搞得过于复杂。这种方式的优势也在于，过程中无需过多干预，投资者可以专注于大级别行情和定期的动态再平衡，使你的投资更加轻松、合理和高效。**投资是一场正和的资本游戏，还是一把负和的赌局？取决于投资者自己。

除此之外，每一位投资者都必须意识到，投资并不是你付出的时间和精力越多，就越容易赚到钱的。"低频交易"本就为你赢得了更多的时间，而时间本身就是一种财富，这点毫无疑问。

第十一节　设计超额收益策略时需注意的事项

以上种种超额收益方式，投资者还可以叠加使用。例如自行筛选出数只积极参与打新且分属不同板块的指数增强型基金构建投资组合，同时每年执行一次品种间的动态再平衡（逆向投资)。在持有过程中，如果发现有其他同质化的品种出现了合适的折价机会，完全可以再启用一部分底仓去随时做轮换，以博取更多的超额收益。或许各位读者已经准备跃跃欲试了吧。理想的超额收益博弈机会，还需投资者具备足够的投资经验去发掘，在实盘过程中也可能遇到很多的问题。大家先别着急，把思路理顺了再下手也不迟，以防误入那些看似馅饼，实则陷阱的无效策略。

困境1：超额收益策略都有周期性

总有些朋友问我，为何每每在网上看到一个公认的超额收益策略后，自己开始投钱就很难盈利了。一个优秀的超额策略肯定会吸引更多资金，当越来越多的投资者参与同一种策略后，超额收益就降低了，直至逐渐失效甚至亏损。这块市场蛋糕自此消失，至少是暂时性消失，等到先前的参与者觉得无利可图，甚至认赔离场后，市场才可能重新等来类似的机会。万物皆有周期，投资策略也是如此。

显而易见，同一种方式很难长期有效！

例如，套利是利用信息差造成的价差，在同一品种上出现的机会就可能非常短暂。善于发掘超额收益机会的投资者，通常会借鉴过去的成功案例，举一反三地发掘当下大家尚未察觉，或者别人根本不当回事的投资机会。这类机会自然属于那些具备独立思考和高度适应能力的人。资金都是逐利的，哪里来钱最快，自然就涌入更多资金。当一个"好"的投资策略人尽皆知的时候，我们要先打一个问号：这次凭什么让你多赚？是不是有隐形的投资盲点？

困境 2：策略容纳的资金池有限

如果我们把超额收益理解成由于市场情绪化等因素，额外多出的一块蛋糕，那么在通常情况下其体量总是有限的。不同的超额收益可以容纳的资金池上限都不一样，尤其是短期套利机会。例如个别 LOF 在盘中出现了大幅折/溢价的套利空间，但或许只够容纳几十万元，甚至几万元资金去参与，在参与资金规模过大时会面临钝化和流动性的问题。而申购新股的红利也会在市场中参与的资金规模超过了一定范围之后，出现整体回报率被迅速摊低的情况。

不论是时间跨度，还是可容纳的资金规模，绝大多数超额收益都会有一个边界。当一个适应当下市场的超额收益策略百试不爽时，自然会引导更多投资者增加在该策略上的投入，致使该种策略的资产规模急速扩大，突破了该模型的盈利边界。最终该额策略失效，甚至亏损。逆向投资策略虽然更考验人性，回收周期也不是那么确定，但可容纳的资金池几乎可以无穷大，这也是我更乐于分享指数化定投和逆向投资的原因。不管使用哪种超额收益方式，投资者都要首先结合自身的情况和策略可容纳的资金规模来选择。

困境 3：时间和精力的付出

无论是参与基金折/溢价、期指升贴水、期权波动率套利，还是市值申购新股或新债等方式，大多需要投资者在持有原先底仓之余，对市场的动向时刻保持较高的关注度，这样才能随时发现，并参与这些超额收益机会。假如你是一位在交易时段公务繁忙的人,显然不适合做类似于场内基金的折/溢价套利。有些超额收益策略注定无法匹配所有投资者,读者还须结合自己的工作性质和时间来酌情选择。

困境 4:每年跑赢多少才是合理的预期

超额收益策略有时候像是在玩扑克,必须在拿到坏牌的时候尽量少输,拿到好牌的时候尽量多赢,那么在参加过足够多的牌局之后,你必然是那位胜利者。

只要人性的弱点无解,市场中的超额收益机会就会永远存在。那么我们将目标设在年均跑赢市场多少才是合适的呢?每年3%、5%,还是10%,甚至更多?其实并没有标准答案。各位读者应务必记住一个大原则:欲速则不达!你预期得越多,那么这个策略剑走偏锋的可能性就越大,最终实现的概率也就越低。考虑到我们已经进入了信息化时代,资本市场也在日益成熟,未来超额收益的空间正在逐步收敛,不妨把这个预期设置得略低一些。

制定一个完善的超额收益策略,你还须综合考虑"搬砖"阈值、交易频率、最终实现的概率、极端情况下的应对、策略性价比、备选方案等种种因素,这需要投资者具备一定的能力圈。 投资初期不妨将心态保持平和一些,日常先以宽基指数基金组合作为核心底仓,先确保跟上贝塔收益就是大道至简之选。在这个基础上,等待市场大幅振荡出现了比较有把握的机会时再择机而动。

《孙子兵法·军形篇》中有一句话:不可胜在己,可胜在敌。在投资中可以理解成:我们一定要充分认识到自己的不足之处，在战场上先做到不被敌人击垮，然后再等待合适的时机，比如在对手犯错的时候去战胜敌人。能做到长期穿越牛熊并跑赢市场的投资高手，必然也是能攻善守的投资者，我们必须避免情绪化的交易，尤其是在博取超额收益这件事情上。

第七章 资产配置的重要细节

第一节　细分行业的布局建议

在历史长河之中，很多不同的行业或企业都遭受过惨痛的下滑，甚至再也没有恢复如初。尽管从事后来看，有无数种理由可以让你及时抽身，但这些都只是假象。假设投资者始终不更新自己的股票组合，那么到了晚年，很可能你个人的养老账户中将充斥一堆没落行业的公司股票。不论您是自上而下选股，或是参与行业指数投资，应先对行业的不同分类有一个大致的解读，以下内容或许能给你一些投资上的灵感。

一、商业模式

如今美国标普 500 指数中，超过一半权重是在金融、医药医疗、科技等几个行业，而 50 年前这些行业的配比微乎其微。理论上分散投资组合的行业或企业，并定期更新，可以跟上时代的步伐。或者在整个过程中始终持有宽基指数，也能够做到行业不断地自我更迭，这相当于一个自动纠错系统。但致命的是，很多人都是在经历了巨额亏损之后才逐渐领悟到这个道理。那么投资者自己在选择行业或企业时，又该如何选择呢？

很少有人能够真正地看透一个行业，这不是简单地用市盈率、市净率，或者净资产收益率就能衡量的，商业模式才是企业的核心价值。根据企业生命周期，企业会有不同的发展阶段，从理论上分析，无论是传统企业还是新兴企业，在每个阶段都会有相对固定的盈利模式。**企业盈利模式的背后体现了不同的竞争**

实力，企业想要实现较高的净资产收益率（ROE），无非具备了以下至少一个要素：

A 高营收：通过高周转率，维持源源不断的营业收入。

B 高毛利：需要具备品牌价值、技术壁垒、行业牌照垄断等独特优势。

C 高杠杆：毛利率虽不高，但企业通过增加负债的方式放大杠杆实现高 ROE。

例如，某家大型商业银行和知名快消品企业，就是两种完全不同的商业模式。商业银行大部分利润靠的是净息差，利息净收入 = 净息差 × 生息资产规模息差，即净收益由存贷款利息之差和信贷资产规模主导，投资者同时要关注杠杆规模、贷款不良率、市场利率、同业竞争等风险。而知名快消品企业的利润，主要凭借稳定增长的营收和品牌溢价下的高毛利率，投资者更多时候要关注企业各项销售费用、提价能力、营收增速不及预期等风险。**任何一门好生意都需要具有足够宽的护城河，投资者在买入一个行业或企业时，都预示着认可了它们的盈利模式。**

整个 20 世纪 90 年代，柯达和富士都在为争夺 35 毫米胶卷行业老大的地位拼得你死我活，甚至到了 2003 年，胶卷巨头们还坚持认为数码相机只会占据一部分市场，而胶卷仍将继续被大量使用，数码摄影却已经悄无声息地蚕食了整个胶卷市场。随着技术的进步，柯达在胶卷迅速没落的时候反应迟缓，没有及时推出新的业务，而此时富士已在化妆品、医疗设备、光电、数码影像、印刷以及高性能材料等其他领域完成了布局。**投资者除了需充分了解行业当前的竞争格局和准入门槛之外，更要着眼于行业未来的空间。**

行业的发展趋势决定了企业的成长性，任何一个行业都会有兴衰周期，甚至永远消失，只有人类的经济行为不会消失。但是否意味着一味地买入新兴行业，就可以快速致富了呢？最终还要回到以下两个问题：这个新兴行业或公司最终会不会成功？是否为此支付了高昂的溢价？例如某家研发 14 价 HPV 疫苗的公司，产品上市还遥遥无期，公司就以零营收的姿势上市，并涨到数百亿元市值了，我们没有办法用传统的估值方法去衡量它是贵，还是便宜的。我们到底应该以什么价格介入，才是合适的呢？这显然增加了很大的不确定性。毕竟，投资不能仅仅靠一个美好的愿景。

按照产业增速来区分的话，投资者可以把行业分成两大类：新兴技术、高增长预期领域，以及相对低预期增长、稳健的传统领域。**增速的差异会导致资本更容易在经济繁荣周期、股价走势强劲的时候选择前者，而在经济衰退周期选择后者，甚至不投资**。这也是大多数投资者很容易犯的错误。

二、 周期属性

邓普顿在 2004 年赶赴韩国股市抄底起亚汽车时，在当年每股收益率近 28% 的基础上，市盈率仅仅 4.8 倍，一年后股价上涨了 174%。而国内同样主营汽车整车的长安 B 股，在 2011 年探底 2.06 港元后，随着公司业绩的复苏和股市回暖，此后四年时间整整上涨了近 13.7 倍。相对于弱周期的必选消费（快消品）行业来比，汽车这种可选消费行业就是一种极具爆发力的强周期品种。

第七章　资产配置的重要细节

货币供应量是决定资产价格的重要因素之一，在每一轮经济周期衰退和复苏中，每个行业都会受到不同程度的影响。在经济衰退时，消费者普遍悲观的担心未来时，会首先推迟购买汽车、改善住宅、旅游等高端商品及消费，进而影响整个产业链。而房地产、汽车制造两大支柱产业的需求下滑，也会逐步传导到钢铁、有色、航空、家用电器、航运等其他行业。相比之下，因为人们无法推迟最基本的食品、就医等开支，比如食品快消、医药医疗、公用事业等弱周期或者防守型行业，公司业绩受到的影响也会小很多，在整个经济下降周期内股价下跌幅度也会相对温柔一些。很多投资者会误以为弱周期企业没有周期性，却忘了万物皆有周期，只是强弱的强度不同罢了。

相对估值法在判断周期股价值时，容易存在较大的误区。以证券公司为例，公司主要盈利靠的是赚取客户佣金、销售费、管理费、承销费、融资息差、咨询服务费等业务，同时投入公司自有资金实现投资收益。随着国内证券业的成熟，早年依赖高收费的证券经纪和投行业务，去实现高利润的模式很难重现，更多券商选择通过杠杆来提升自身业绩。高杠杆＝高权益乘数，证券公司更像是一个看天（行情）吃饭的行业，具有非常典型的强周期性。**强周期意味着更高的行业弹性和高贝塔值，我们在投资强周期行业时，应用市盈率、股息率等传统指标都会有很多局限性。**

周期的强弱也是相对而言的，尤其我们有时候可能很难界定到底是强周期，还是弱周期。例如造纸是具有快消品特征的消费行业，但其又会表现出一定的周期特征，这个周期特征是由行业供给所决定的，所以造纸往往又是典型的周期股。

强周期行业指数或个股，是做大波段投资者的最爱。走出低谷之际买入，经济顶峰往下走时再卖出，理论上是获取高收益的捷径。但事实并非如此简单，你要在市场中准确判断经济周期处于何阶段。股票市场虽然是经济的晴雨表，但步调并不会完全一致，各行业的差异也会比较明显。通常股市会提前于经济周期反应，比如经济高度繁荣结束之前，股票市场已经提前步入熊市；而经济全面复苏之前，股票市场也已经提前触底反弹。现在到底身处何处，这始终是一个难题。

三、投资行业指数的要点

即便投资者确定了准备参与的行业，仍要面临不同的投资维度。假设你非常看好医药行业，为自己精选了一家小型的创新药企业，或许未来它可以依靠单品的爆发实现股价飞涨，但同样有研发失败的风险，股价跌到一文不值。你若无法承受这种不确定性，那么就要退而求其次，配置一家大型的医药集团公司，覆盖了多条产品线和其他业务，就不至于会在类似的情况下遭受巨额损失。或者再中庸一些，配置医药细分板块的行业指数基金就行了。

行业指数，是介于个股和宽基指数之间的选择。虽然和投资个股相比，投资行业指数已经趋于分散化，但行业指数的成分股同属一个行业，会受到同一因素的影响，比如行业自身周期性、供需关系变化、相关产业政策等，大多数成分股会表现出相同的趋势。这种高度相关性会进一步加剧行业指数的振荡，在某一个成分股收获利好时整个行业指数都会相对强势，若是遇到不利的因素，行业指数很可能大幅下跌。因此行业指数的特征依旧是，高风险高收益。

行业指数,该给多少仓位才是合理的?不甘心全市场平均收益的指数投资者,才会将持仓偏重于行业指数。简单理解:即增加风险头寸以换取一部分不确定的收益。投资细分行业的前期工作,包括但不限于,判断行业的发展前景、合理估值、当前周期、行业政策、卖点等。究竟给多少仓位?这要根据自己的能力圈和承受力,去提前权衡。虽说行业历史估值数据是一个锚,但对于行业指数来说(尤其非支柱的细分行业),参考价值也很有限。切莫等到浮亏到一定程度,或跑输全市场很多后,才发现其实自己难以承受。

在规划行业指数仓位配比时,给读者一个大致的框架建议:

(1) 提前预想投资行业指数的总仓位上限,比如35%。

(2) 根据偏好和判断去分配权重,比如A行业20%上限,B、C、D行业各5%。

(3) 在实战过程中,各细分行业配置达到仓位上限之后即收手。不要因为短期看好,就去临时超限(若真那么厉害,占比会自己涨上去的)。

(4) 间隔足够长的时间之后,涨多了调低,跌多了小加(注意频率,调仓勿过于频繁)。

行业指数相对于多行业分布的宽基指数而言,放弃了多元化投资,容错率会低一大截。**随着时代的进步,细分行业的更迭和轮换变得更加频繁,为了避免我们的财产不至于遭到意外的大幅折损,应该分散投资到各行各业中去。**如果"多行业配置"能够遵循以上原则,可以确保足够的安全性,在整个投资过程中也会相对的舒服。

第二节　核心和卫星的投资理念

一、何为核心和卫星

如果作为一个投资新人，或许你每天都会面对市场中的无数诱惑，想实现自己很多新奇的思路，或者抓住每一波上涨行情。不管是不是善于投资，大家都迷恋在市场中跌宕起伏的感觉，更多时候希望能把一系列的交易也当成享受投资的过程。但即便一个完全经过量化确定且长期大概率盈利的交易系统，过程中也可能很痛苦，甚至剥夺很多交易的乐趣。投资者也可考虑将一部分资金划拨给卫星仓，以满足这方面的需求。

核心和卫星策略，顾名思义即构建的投资组合包含两个部分，一部分称为核心，即承担组合的主要风险和收益，"稳定"应该是这部分头寸的主要特征；另一部分称为卫星，使用高预期、高弹性的策略为组合贡献超额收益，即便做错也只承担有限的损失，同时还可以试用各种不同的新想法。

现在已经有越来越多的个人投资者，开始认可核心和卫星策略这类守正出奇的投资方式。假如你正在配置一个稳健均衡的资产组合，但又不想错过当前自己看好的某个行业或板块，那么就可以划拨一部分资金出来，进行个性化的投资。考虑到核心底仓配比越低，长期收益与市场的偏离度也越高。而资本市场中大多数时段，并没有太多的交易价值，如果投资者想借此解决手痒问题，顺便释放些多余的多巴胺，这完全没有问题，但绝对不要影响到自己的投资心态。

应用核心和卫星策略的过程中最重要的是提前做好计划，并

在投资过程中严格遵守事先预设的仓位上限。 由于长期利润主要靠核心仓来实现,卫星仓只是起到增厚收益的作用,所以那些投资目标为长期稳定增值的账户,核心仓应该始终占据组合中的大头。若干年后你或许会发现,绝大多数投资者的财富积累还得靠核心底仓。卫星仓试错的学费自然也不会白交。让你学会在大多数诱(陷)惑(阱)面前,凭直觉即可做出大致的判断:"这钱,我不挣!"

二、 核心和卫星策略的应用

价值型股票是指估值相对偏低、股息稳定、盈利预期合理或不是很高的股票;成长型股票则指估指相对偏高、业绩增速预期显著高于市场平均的股票。价值投资者寻找低于内在价值的投资标的,成长股猎手寻找未来增速超过预期的投资标的。如果再进行细化的话,可以把股票的种类再分成大盘价值、大盘成长、小盘价值、小盘成长这四类(需剔除无投资价值的垃圾股)。

即便在同一个市场,价值型股票和成长型股票也会出现阶段性的分化走势,给分散投资提供了实现超额收益的机会。**价值和成长很难同时兼顾,我们做资产配置时,应该将价值型股票当成相对安全的核心底仓去配置,小盘成长型股票虽然有可能提高长期收益,但需投资者有卓越的选股能力、合适的买入成本及承受更大的波动,因此可以把成长型股票当作卫星仓位去博弈。**

我常和朋友说:在明显市场低估的阶段,你一定要有足够的中长线底仓去等这个主升段。对于那些估值相对安全、盈利增速稳定,同时高股息的投资标的,你可以在心中暗自给它盖个"非卖品"的戳,这也是长期组合中的核心底仓,不要轻易弄丢,只能当价格涨到出现泡沫和市场狂热的时候再卖出。而那些博弈中期机会的品种,可随时划入调整方案的卫星仓处理,这样长线、中线、短线三者也不会冲突。类似理念,同样能继续延伸到不同类型的资产组合(见表7-1)。

表7-1 不同资产大类和投资策略下的核心和卫星

资产类别	核 心	卫 星
股票组合	价值股	成长股
行业组合	传统行业	新兴行业
	弱周期股	强周期股
基金组合	被动型指数基金	主动型基金
宽基组合	沪深300指数	中证500指数
跨境资产	成熟市场	新兴市场
债券组合	高信用政府债	高收益债
投资性房产	一线城市	二三线城市
梯形投资法	长线品种	中短线品种
其他	…	…

第三节 适度简化:需要配置多少个品种

选择多样化:我有一次陪同爱人在化妆品专柜挑选口红,面对数十种色号,时间过去半小时她仍没想好买哪一款,这不免引发我的思考。如今各商家都推出了大量同质化的多款产品,初衷也许是为了满足更多消费者的不同需求,但实际上还提供了很多没有多少差异的产品。面对琳琅满目的产品,你是不是反而举步维艰呢？如果只有两三个型号可选呢，或许更容易让你在短时间内做出选择。当可选的同质化标的越来越多时，让消费者不是无从下手，而是盲目消费了（近似的品种重复购买），也谈不上可以让你做出所谓的"最佳选择"。

产品复杂性：各位读者还记得以前修理家电的套路么？若报修故障的电器，经检查被告知仅仅是因为接触不良，维修师傅只需拔下某器件再插紧，重新开机启动就能修好的话，想必您也不太愿意为此支付多少修理费吧？如果是工艺复杂的电路板坏了呢，送修数日后方才修复完毕（即便实际情况仍是接触不良），我们反倒更乐意支付昂贵的修理费用了。再来看近几年电商每年"双十一"之类的大促活动，提前下定力减、三件七折、跨店满减、前10分钟折上折等各种促销，是不是让你有点眼花缭乱。现在每次类似的促销节，我都感觉若不去用 Excel 精刷数据的话，消费者已经很难再享受到真实的底价了。

复杂性和多样性现在已成为很多商家一种牟利的手段，投资领域也是如此。把条款设计得越烦琐、策略越复杂，提供的可选方案越多，才方便收取更高的服务费用。商家在销售时就是不想让消费者搞清楚所有东西，让我们为所谓的高科技、高附加值、独家设计埋单。而某些金融骗局也往往事先给你出具超级复杂的合同条款，复杂性只是保护他们实现暴利的一道屏障。当然确实有很多消费者认可复杂的、价格高的就是最好的理念，比如愿意支付两倍的溢价，去购买只增加了一些无必要功能的新款电器之类。整个市场的氛围本就是如此，理性的消费者总是少数派。

专注力对于个人投资者而言，同样是一种很稀缺的资源，日常生活的复杂化已经把我们的耐心、精力和专注力都磨掉了。苹果手机的巨大成功，相信有一部分原因是源于当年对产品和可选型号的精简后，仍能满足大多数用户的需求。其实很多复杂的投资策略，也完全可以用简便的组合方式去实现至少 90% 的效果，还增加了确定性，专注于为数不多的主流指数品种，追求过程中的简化也应该是你自身利益的诉求。**别再想当然地认为把投资策略弄得越复杂才能挣得更多，这是误区！**

香港恒生指数从 1964 年时的 100 点，走到 2020 年年底的 27231 点，把每年的股息加上去后，长期年化收益率达到了 14% 左右，妥妥的超级大牛市。但实际情况是，同期不少香港股民是亏损的，我仔细想了下到底是什么原因。恒生指数是一个市场头部指数，只覆盖了市场中前几十家公司，并不能反映港股现在 2000 多家上市公司的全貌。大家都知道，香港股市中的老千股不少，还有很多中小企业长期也是大幅跑输恒生指数的，外加窝轮、牛熊证、股票期权等超级多的杠杆衍生品种，给了香港股民无限的可能性，更多人不惜一掷千金豪赌，最终变得一穷二白。

太多的选择有时候意味着贫穷，投资工具超级丰富的港股市场，就是一个很好的例子。构建股票组合时也会面临同样的问题，当我们每往投资组合中添加一个新品种之后，都会对未来一段时间内的整体收益产生影响。随着资本市场的繁荣，当市场中可选的上市公司数量，从早先的 500 家逐渐变成今后的上万家后，我看到的不仅是好公司变多了，投资的坑也越来越多了。

那些隔三岔五给投资者推介新产品和新投资方案的理财师，在我看来也是一种推卸责任，甚至是非常利己的行为。我们为什么要容忍生活中的复杂性？投资本来可以变得更加简单。面对趋于无穷多的选项，很多时候有限的选择反而更好。**不要在投资的初期，就让自己的投资组合过于烦琐，这一直是我给投资新人的建议。**以下就个人资产配置层面延伸讲下，我们究竟需要配置多少个品种。

如果把在股票市场的配置，拆分为境内和境外市场配置两块的话，沪深 A 股的指数头寸完全可以考虑先直接用沪深 300 指数和中证 500 指数双品种去完成一键配置。如果你对港股、主题和细分行业有一定的投资心得，不妨在这个的框架下进行延伸，并做针对性的轮换。**这样投资初期基本把的指数配置控制在 3～8 个品种，基本能够满足覆盖境内市场和对于风险收益比的需求了。**

全球化配置的可选项相对比较简单，主要得看你对各区域经济的偏好性。参考目前世界各国的 GDP 排名，前十位中除了中国市场，美国、欧盟、德国、英国、法国、日本等发达国家市场可以重点关注，现阶段国内已有部分对应的 ETF 产品可选，方便个人投资者布局全球主要成熟市场。**作为资金规模有限的个人投资者，境外指数品种控制在 2～3 个，甚至前期暂时不做配置。**关于个人投资者配置多少仓位给全球化配置为宜，我在第三章的"海外配置篇"中有过阐述。

综上所述，即便目前你的指数配置需统筹全球市场，股票类指数品种的持仓数量配置 10 个左右已绰绰有余。布局的品种越多，并不代表你就能抓住更多的投资机会，相反长期会更难驾驭这个组合。正如女孩子只有在洗衣服的时候，才会嫌衣服多那样，对于投资新人来说，投资的时间久了各指数品种间涨跌互现后彼此之间怎么调仓，如何轮换都将是一个烦琐的选项。更别说持仓多达数十个品种时,看着就像一团打了结的毛线球,想想就头皮发麻。设计一个高效的投资策略,必须在品种上做出一定程度的取舍。

第四节　主动与被动之争

买入并持有被动指数工具＝贝塔收益,被动指数工具＋有效的仓位管理＝阿尔法收益,主动型产品＋选对基金经理＝阿尔法收益。

主动型基金和被动型指数基金该怎么选?两者的区别在于:若自建被动型指数组合,那么合理的资金进出(仓位管理)、主观的行业选择、配置比例等工作,必须由你自己去独立完成,这需要一定的能力圈。而主动型基金已为你全权掌控择股、择时、组合配置等所有细节(见图7-1)。所以主动型基金最大的优势是省心,以下再说说短板。

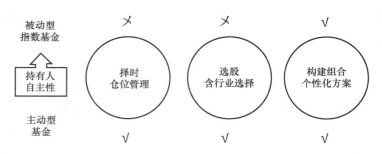

图7-1　主动型基金与被动型指数基金对比

第七章 资产配置的重要细节

一、追涨杀跌

几乎所有的基金持有人都希望熊市少亏,牛市速挣。主动型基金因其仓位的灵活性,也更容易受业绩压力影响,在行情低迷时减仓,市场趋热后又迅速补上头寸。在持仓选股上我们也能看到类似的趋势交易风格,2016年前公募基金主炒中小创,而随着近几年小票扑街,他们又逐步回归白马龙头股抱团,同样也是在顺应市场的热点,真正做到了"追涨杀跌"。

资产所有者更关注自身的投资收益,而操盘者很可能并不是资产所有者,两者的利益诉求完全不同。如果我们换位思考,假设读者也是一位主动型基金经理。在大牛市下全市场已贵到无法下手时,新基民们却仍在海量申购。新给你一大笔资金,却按兵不动?那么年末结账恐怕会大幅跑输同行,最终基民会选择用脚投票,赎回去换其他基金。在管理的份额大幅缩减后,又将面临领导问责,届时是饭碗重要,还是你的情怀重要?可见在牛市中追高,会成为基金从业者顺应市场式的首选。是不是很无奈?

为了赢得更多的客户,接纳当下市场中的主流观点,这是一种有显著倾向性的激励机制,而不是走自己的路。媒体的质疑、客户的抛弃、上司的责难,最终只能选择妥协,采用了当前最保险的方式——随大流。逆向投资对于他们而言,非常艰难。作为市场资金的主流都如此,注定了股票市场中,长期犯错的是大多数。

以上类似强者恒强的投资行为,也会助推行情的趋势,直到下一个临界点来临时,某个主力资金出现大撤退,甚至热门基金的巨额赎回等产生了蝴蝶效应，再次被各路资金抛弃，市场又开始下一个轮回。

二、 冠军魔咒

这里的"冠军"指当年业绩排名靠前的第一梯队，并非特指第一名。记得以前的财经频道，总会不定期邀请当年排名前列的主动型基金经理来和大家分享成功经验。成为年度的基金一哥一姐，除了获得众星捧月的成就感，还能吸引来众多基民争先申购，真正做到了名利双收。

这也让很多暂时不出名的资产管理人，更乐于剑走偏锋式地押注确定性低，但有可能实现高收益的豪赌型策略（哪怕成功率不到1%），这的确是一条所谓的"捷径"。你会发现，那些中期业绩特别靠前，或特别差的主动型基金，往往都是投资风格异常激进的。刚巧被市场风口刮到时年度业绩会特别优异，待市场风向转变后排名也会迅速下滑。即便3年期的明星基金也可能只是阶段性的幸运儿，而不是真正的长跑冠军。这也是不少刚冒尖的基金经理，大多几年后便似彗星一般迅速陨落的原因。上述即公募基金行业的"冠军魔咒"现象。

不妨先来做一个小测试，凭你的直觉去选出一个优胜者。
以下是两只基金近5年的年度涨幅：
A 品种：100%、-50%、20%、-15%、20%。
B 品种：30%、-15%、15%、-10%、12%。

第一年，A 品种便在全市场中名列前茅，并在第三年时业绩排名再次跑赢 B 品种。但期末 A 品种累计净值为 1.224 元（2×

0.5×1.2×0.85×1.2）、B 者为 1.281 元（1.3×0.85×1.15×0.9×1.12），5 年期结束 A 品种完败。更要命的是，绝大多数投资者会倾向于根据历史业绩，甚至短期排名去选择基金。在 A 品种第一年的后半段高点时大额买入，并在收益获得正反馈的情况下继续追加，最终遭受大幅亏损！**金融市场从来都不是理性的。**

毫无疑问，主动型基金多以靓丽的业绩呈现在投资者的面前，于是大家总以为优秀的主动型基金非常好找，这是因为当年的失败者已经不会再现身了。投资者需要在挑选主动型基金时详细分析这位基金经理过去这段时间的高收益，是源于承担了更多的风险，还是卓越的投资体系，甚至只是因为足够好的运气。此外，优秀的产品在规模激增之后只能适应更加有限的投资策略，即便被你找到一位牛基经理没有任何的道德风险和运气成分，在功成名就之后，随着管理规模变大和圈内地位的提升，投资风格仍有可能较早期会有所调整，很难做到一成不变。

很多时候，大部分主动型基金的业绩表现也会呈现周期性，例如上一年度主动型基金整体表现优异，而在下一年度又相对稍稍跑输指数，如果你在它表现好的时候买入，持有一段时间之后又觉得还是指数型工具好了，不停地来回切换，那么很容易承受均值回归的负回报，导致长期收益不尽人意。随着市场有效性的增加，过去的业绩不一定能重现。

三、 运营成本

主动型基金每年的管理费等成本会比指数基金高出 1% 以

上,这是确定要流失的本金。除此之外,其管理的资金必然面临更高的换手率,这也是无法避免的隐形支出。

指数增强基金的原理,就是在尽量不偏离指数基准的前提下,给予基金经理少许的自由度,比如分配不超过 20% 的仓位去进行超越指数的量化选股。考虑到现在我们的 A 股市场还不是很成熟,指数增强基金仍有机会去利用市场的非有效性稳健地实现超额收益。买入并持有优质指数增强产品 = 贝塔收益 + 少量阿尔法收益。指数增强是一个中庸的指数化品种,介于纯被动的指数基金和主动量化之间,这也是尝试有限主动的一种指数化配置方式。

既然投资者选择了主动型基金,在很大程度上就要依赖基金经理的表现,甚至需要那么一点点运气。主动型基金给人最大的误解是投资无需任何择时,其实不论是配置主动型基金还是被动指数工具,对于投资者来说都是主动的投资形式,并不存在一劳永逸的投资方式。资金投入节点和仓位管理,仍需要投资者根据市场和自身情况做一个大致的规划,如果在一个全市场普遍高估的时段,重仓买入一个偏股型的主动型基金,显然很难成为一个好的投资策略。说白了,任何品种你都无法回避择时的问题,避免在严重泡沫的时候介入,本质上也是一种择时。

大多数投资者,缺的是抓住长期确定性的贝塔值,即连最基本的全市场指数都没有跟上。被动型工具只是提供给你一个化繁为简和更透明的工具,若想实现可观的收益,显然需要配合额外的增强策略。例如行业精选、因子轮动、多空择时、辅助套利等方式。相比主动型基金,这些选择权都在投资者自己手中,也更考验投资者的能力圈。**从资产配置的角度来说,主动和被动也不**

是非得二选一，核心底仓配置指数，另外选配一些优秀稳健的主动长跑选手，也可以有效分散投资组合的风险。

第五节　优质指数品种的 11 个特质

我们在做配置不必过于纠结是不是唯一的选择，从来就没有完美的指数品种，但我们可以先从普适性高和交易便捷的指数品种或者组合开始做起。以下罗列一些我个人认为的优质指数的基本要素。

一、具有代表性

如果你想投资一个国家或地区的股市，那么主流的头部宽基指数应该是首要考虑标的。例如中国内地股市的上证 50 指数或沪深 300 指数、中国香港的恒生指数、美国股市的标普 500 指数、英国富时 100 指数、日本的日经 225 指数等。

二、相对完整性

我们参与指数化投资，首要目的就是为了分散化。是可以较充分地覆盖市场，或者覆盖细分行业或领域，足以精确追踪所属板块真实的股价走势，并有鲜明的特点，应是选择指数品种时的第一要素。再考虑到市场尾部的一些小微企业市值已经很小，成交也非常清淡，所以并没有必要一味追求 100% 覆盖全市场所有个股的指数品种。

三、指数的合理性

道琼斯工业平均指数选取了 30 只工业类股票作为成分股，按股价加权计算。即便其中一家成分股的市值不大，但因为股价较高，也会占据较多权重。上证综合指数也是一个片面追求沪市全覆盖、编制规则不尽合理的指数。这些历史虽比较悠久，但在某些方面并不合理的指数，都不是投资者理想的投资品种。

四、指数成立的时间足够长

在选择指数品种时，核心的底仓应尽量配置那些发布时间已比较久，便于投资者回测了解历史数据的指数。一个全新的指数或板块，意味着没有更多的历史数据可供参考，之后必将不断迎来新成分股的纳入，使投资的风格逐渐漂移。

五、相关数据方便查询

所投指数品种的相关资料应该公开透明，包含编制方案、历史价格、历史回报率、成分股调整公告、市盈率、市净率、股息率等主要估值数据等。不论是指数编制公司、证券交易软件，还是第三方平台，都需要方便投资者查询数据。

六、可投资性

指数本身只是方便我们了解市场情绪和价格走势，更重要的是可以找到对应的指数来制定投资策略,这就需要有足够的基金公司发行挂钩这些指数的基金产品了。如果该指数品种,甚至有可供境外投资者购买的交易渠道,那就更理想了(意味着具有更强的市场代表性)。

七、是否有更多的可替代产品或衍生工具

越是被广泛使用的指数,越容易找到更多同质化的替代产品,甚至衍生工具,例如指数基金、交易型开放式指数基金(ETF)、增强型指数基金、指数期货、指数期权等一应俱全。如此,投资者就可以寻找更多同质化品种轮换的空间,以满足获取阿尔法收益的需求。与此同时,为了抢占这类主流指数的市场份额,必然引来基金同业内的竞争,最终在配置时更容易实现低管理费、低交易费用的优势。

八、指数的标的数量

指数成分股的数量如果少于30只,或许持股就过于集中了。而标的数量过多,例如全市场指数基金等数千只成分股,配置过程显得比较困难,最终基金经理只能通过大比例的成分股抽样,去实现跟踪指数的目的。

九、流动性充裕

合格的指数应该是一个流动性比较充裕的市场或板块。例如

某些小微企业，或者企业债板块并没有良好的流动性，交易价值偏低，即便有对应的指数品种也并非好的配置选择。即使你的投资组合交易频率非常低，若配置了该类指数品种，那么在定期的动态再平衡过程中，如果没有足够的流动性很难满足调仓的需求（尤其在通过证券账户进行场内交易时）。

十、 低成本

投资指数品种的成本，并不止管理费和托管费这些显性的成本。自由流通市值加权指数，遵循买入并持有期间随成分股价格自由波动的大原则，相比于等权指数基金需要频繁再平衡，会有更低的运营成本。此外指数调样周期通常是每年一次或两次，另有每三个月，甚至每个月调样的。这是管理费之外的隐性成本，很多投资者都会忽视。

十一、 独立性和客观性

投资者总希望自己能发掘投资收益率最高的品种，因而不排除某些细分行业或者 Smart Beta 指数，为了追求更高的回测数据而去做过度的拟合。比如回测数据显示成分股按 40 只，会比按 50 只时的收益率更高，那就选取了 40 只。如今可供投资者购买的个性化指数产品非常多，是否符合你的投资和选股理念，才是应优先考虑配置的必要条件。

重申一遍，并不存在完美的指数！所谓的好指数，肯定不是那个历史回报率最高的指数，毕竟那只代表过去，而我们投资的是未来。此外大多数主流指数只包含了成分股的价格涨跌,并未包括每年的股息派发。如果将每年的股息进行再投资,这也是指数和指数基金两者产生的主要差异(尤其红利因子指数)。指数更真实的历史回报率,可以查阅包含股息数据的全收益指数。

第六节 动态再平衡的方法和频率

是否对投资组合进行动态的再平衡,是长期维持资产均衡的决定性因素。但也随之出现一个问题,即会给组合带来一定的换手率,而换手又正是增加交易成本的一种行为。所以在换手率和维持均衡之间,要权衡一个相对比较舒服的度。**动态再平衡策略的方法大致分成两大类:定期再平衡和临界再平衡。**

一、 定期再平衡

定期再平衡就是遵照事先计划好的时间周期(比如每季度、每年,甚至每18个月)去执行。

二、 临界再平衡

临界再平衡就是给资产配置组合里的每个大类设定一个预警值,当市场的振荡幅度较大时,如果某项资产超过了临界值就进行再平衡的调仓干预。比如预设股票权益仓的标配为80%,上限预警值为85%,下限预警值为75%,当这部分仓位上涨到突破85%,或跌至75%以下时就临时进行加减仓位,执行再平衡。

这个临界值可以参照该大类资产最近10~20年的历史走势，设置得略宽裕一些。

动态再平衡按时间周期，还是按临界值？不管使用哪种方式，原理都是人为地将投资组合归位平衡。大多数投资者的本职工作，应该都跟金融无关，也不一定有那个时间和精力去每天关心逐项资产大类的市值变化（实时仓位比），其次临界再平衡的调仓阈值，并没有大家想象的那么容易，尤其在大类资产品种较多时。以我的回测数据和实盘感受来看，个人投资者也许更适合去做定期再平衡，为了让利润多奔跑一会儿，可以将调仓间隔设置在每隔9~15个月时间，这样心理层面上也会更舒适一些。

"动态再平衡"特别适合中国股市这样振幅剧烈的市场。但也意味着你发出的交易指令越多，就可能会越偏离指数基准，同时过于频繁的再平衡不仅会增加调仓成本，还会摊薄投资收益。知道再平衡的人很多，真正做的人却很少。我们不用期望去找到那个收益率最高的调仓频率，过程中的坚持远比究竟是采用哪种方式或频率的设计要重要。

现金的作用：在动态再平衡的过程中，你是否具有现金储备会决定调仓的交易方式。假若没有现金储备，那么每次调仓必须先卖出A品种，再买入B品种，在实际调仓操作过程中会存在一个时间差存在一定的不确定性。如果你有一些现金储备，可以先用现金买入B品种，在同一时间卖出A品种，轻松完成瞬间切换，回款到账后继续归回现金池就行了。这些差异都是在执行动态再平衡之前，就需要提前考虑的细节。如果你的资产组合，本来定期就产生稳定的现金收入来增厚现金类储备，那就更完美了。

第七节　回测的误区

或许个别读者有过以下经历。家中夫妻两人都坚信自己的投资方式才是正确的，总会为了选股或买卖决策吵得不可开交，长此以往多少会影响家庭和睦，最终双方经协商一致决定，以未来半年时间为限，谁的账户投资收益高，以后家中的财政大权就归谁。这是一个看似非常合理和公平的决定，果真如此么？

惯性思维，即人们总是习惯性地依照以前的思维方式去思考问题，仿佛物体运动的惯性。在投资中更是如此，大多数人会想当然地认为在过去一段时间里的赢家，在未来依然会是赢家，那么依据近期的涨跌幅去确定下一步的交易品种和策略，尤其在还没有形成足够完善的投资体系之前，就成了很多投资者的"圣杯"。

既然广大投资者都倾向于购买近期收益更高的产品，那么销售机构自然也很乐意把这些产品当作卖点来推介，当这些近期涨幅排名靠前的产品陈列在客户面前时，仿佛在暗示谁都可以再次复制过去的这段辉煌，也进一步刺激了投资者的买入。而那些在过去一段时间里投资业绩一般，甚至亏损的基金，就这么自动被大家过滤掉了。这些正回馈式的投资行为，同时也加剧了资本市场的周期强度。

市场火热时，最符合逻辑的事情就是劝人们买入股票，甚至通过融资增加头寸，毕竟身边几乎没有人在亏钱；市场低迷时，最符合逻辑的事情就是劝大家远离股票，或者止损清仓，这时候大家都知道越投越亏。在惯性思维下，绝大部分投资者甚至都不需要动用数据库去回测，凭肉眼就能判断它是不是"好"项目了。投资，真的会如此简单么？

塔勒布在《黑天鹅：如何应对不可预知的未来》一书中写道，一只火鸡在感恩节被宰杀之前，一直过着安逸的上升曲线，直到黑天鹅的到来。前美联储主席伯克南在 2007 年曾公开表态："美国从来没有出现过全国范围的房价下跌"，直至次贷危机的降临。日本在 20 世纪 90 年代泡沫破灭之前，众多经济学家纷纷表示，传统经济理论已经不适用于日本，他们正在创造新的经济规律。

20 世纪 50 年代至 90 年代的日本，几乎把握住了时代赋予的每一次机遇，创造了"经济神话"。从 1950 年的低点算起，日经 225 指数在这 40 年时间整整上涨了超过 450 倍（见图 7-2）。1980—1990 年的日本，几乎人人都在买楼和炒股，只因："从来没有人在这条河道上翻过船！"**有些资产的周期跨度，足够长到让人忘记还有"周期"这档子事**。人人都想赚到更多，当时即便很多不在日本的全球资产配置管理者，也会在自己的海外组合中增配日本资产的头寸。众所周知，在 1990 年之后的几年时间里，很多日本的投资者输掉了过去几十年的盈利，甚至是破产。

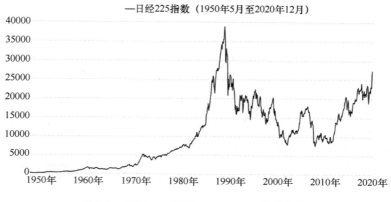

图 7-2　日经 225 指数 1950—2020 年的走势

第七章 资产配置的重要细节

人性的弱点，在于追求高收益的时候无视了风险。而未来是不是赚钱，最终取决于你现在所处的位置，以及你何时买进或卖出。

大多数投资者，对投资策略都有着"喜新厌旧"的倾向，例如更关注近期回报率更高的产品。在制定中期的投资策略时，误用"回测"同样具有伤害性。图7-3是两种长期向上的趋势，但以大部分时段走势负相关的投资策略为例，心急的投资者总希望能找到一种跑得更快的盈利方法，而一旦市场风向在未来发生转变，投资业绩便会大幅落后于市场平均水平。这也是为何你明明买入了过往业绩颇佳的基金，或精挑细选出一个回测数据理想的策略，但在交易了一段时间之后，发现并不是这么一回事的原因了。有时候，对统计数据一无所知，或许还会比获取那些让你误导的数据更安全一些。

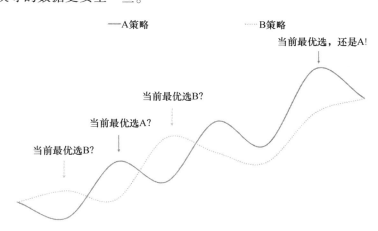

图7-3 长期回报率一致，风格具有差异化的两种投资策略

邓普顿曾说过，应该在你投资最成功的时候反思你的投资方法，而不是在你犯错误的时候。很多知名的投资人，或私募经理

会选择在"最成功"的时候下海捞金,而之后新发产品的业绩却往往很糟糕。或许只是他还没有准备好,也或许他之前的成功完全依赖于市场风口。

在汽车刚发明出来的时候,车上是没有后视镜的。直到 20 世纪初,人们为了利于驾驶员在行驶过程中观察四周,从而避免无法观察后方情况时产生的危险,加装了后视镜。"回测"是一个很好的投资习惯,这也好比是我们的投资后视镜,有助于去了解资本市场的过去,并理清投资思路。毕竟,除此之外我们也没有更多的办法用来判断未来了。那到底怎么去用好它呢?

市场总有非常极端的阶段让再优秀的投资者也会亏钱,同样也有让那些毫无思路的人都能挣钱的时候,大家很容易将运气和能力混淆。**考察一个策略或者基金产品是否适合你,不应该仅限于历史回报和风险比率,思考历史业绩的形成原因(业绩归因)同样重要,这也往往会被投资者所忽视。**如果为找到好的策略便去过于依赖历史回报数据,就忽视了市场的底层逻辑。**通常我对某个新策略的决策过程,会分为以下五个步骤:论证逻辑的合理性、通过回测验证可行性、细化交易阈值、模拟压力测试,再考虑是否纳入实盘交易。**

此外,我们要尽量避免惯性思维。确实有很多非常好的投资,从数据上来看,刚开始时几乎都会告诉你不要买。某些因子在"不景气"时期,看起来投资回报率会非常差,但此时介入反而会在未来一段时期内实现可观的超额收益。因此我们在判断未来市场的风格和长期走势时,不必给予前面的历史数据过大的权重。毕竟我们投资的是未来,而不是过去。最后,摘录《穷查理宝典:查理·芒格智慧箴言录》中的一段话,或许对各位读者有所帮助。

"拿破仑和希特勒的军队在其他地方战无不胜,于是他们决定侵略俄罗斯,结果都是一败涂地。现实生活中有许多事例也差不多。例如,有个人愿意愚蠢的去赌场赌博,竟然赢了钱。这种虚无缥缈的关联促使他反复去那个赌场,结果自然是输得一塌糊涂。也有些人把钱交给资质平庸的朋友去投资,碰巧赚了大钱。尝到甜头之后,他决定再次尝试这种曾经取得成功的方法——结果很糟糕。"

避免因为过去的成功而做出蠢事的正确对策是:

(1)谨慎地审视以往的每次成功,找出这些成功里面的偶然因素,以免受这些因素误导,从而夸大了计划中的新行动取得成功的概率。

(2)看看新的行动将会遇到哪些在以往的成功经验中没有出现的危险因素。

第八节 战胜自己:论情绪管理

如何迅速致贫?让自己的情绪失控,干一些能力圈外的傻事就行了。

1720年,时任大英帝国皇家铸币局局长的牛顿把自己的7000英镑投入股市,买入刚开始大涨的英国南海公司股票。仅过了两个月股价就翻了一番,在当时这笔钱是相当于他年收入的3~5倍。赚到钱的牛顿很快就后悔了,因为南海公司的股价还在飞速地上涨,那个时候"南海"几乎是所有人的谈资,妇女们都在卖掉自己的首饰来购买股票。几个月后,南海公司的股票达到每股 1000 英镑，不到 8 个月时间上涨 900%，牛顿再也按捺不住，加大资金买入。

上帝要谁灭亡，必先使其疯狂。南海公司本就是无基本面支撑的泡泡，总会有爆掉的时候，到了 1720 年年底，南海公司股价又跌回了 200 英镑，1000 英镑成为南海公司股票的历史最高价，牛顿因此损失了 20000 英镑，相当于整整十年的薪水。牛顿随后说了一句传世名言：“我能计算出天体运行的轨迹，却难以预料到人们的疯狂。”身兼物理学家、数学家、天文学家、自然哲学家、货币学家等多个耀眼头衔的牛顿，曾被人们称为"百科书式的全才"，无论学识还是智商，都应该远在大多数普通人之上，为何他也在投资上面栽了跟头？

在人生或者职业的各种事务中，性格的作用比智力大得多，头脑的作用不如心情，天资不如由判断力所节制着的自制、耐心和规律。海明威在《真实的高贵》中的这段文字，我深以为然。投资的成败，的确与投资者的自我心理建设有着密不可分的联系。

一、 独立思考

在市场刚刚经历过跌宕起伏之后，大众的情绪都会很不稳定，寄希望于寻求他人的帮助，或是投资建议。此时你再去和身边亲友进行投资上的交流，通常也会变得毫无意义。你几乎得不到任何正面的反馈，听到更多的也是情绪化或短视的交易建议，反而容易让你在参与话题讨论之后，违背自己的投资初衷，随着大流而走（除非你只是想把他们当成反向参考指标）。成功的投资本就只属于少数人的,"从众"使投资者放弃了独立思考。

有效的投资,必须保持充分独立的思考。我在 2007 年和 2015 年的大牛市下,开始提前分批卖出已经泡沫化的筹码,随后几个月市场仍在疯涨,此时你就像一个傻子似的被别人晾在一边。这么说来,投资倒是有点像在跑马拉松,你要根据自身情况去安排各路段的配速,途中或许总有那么几个玩百米冲刺的疯子。这就需要投资者有足够的毅力和耐心,去坚持这个投资体系,避免做傻事,静静等待市场的理性回归。无论别人怎么看,你都要保持自己的节奏,不要轻易地被旁人打乱。

投资是需要自律的,这不比你读书和工作,至少有人在后面推着你往前走。为确保自己的投资体系可以长期平稳运作下去,除了学习投资常识,了解市场交易规则,多积累实战经验之外,投资者更需要定期对自己的知识体系进行不断更新。如此方能充分了解投资的真谛,也能够帮助我们去筛除掉很多无用,甚至负作用的市场噪声,自信地将投资体系贯彻执行下去。自己喜欢且深信不疑的事情自然可以坚持,反之怎么也长久不了。

二、自知之明

"亏货"是怎样养成的?想法总是比能力多。全球第二大基金管理公司先锋集团发现在美国的 401K 计划中,表现最差的投资账户属于那些受过最好教育的投资者,他们往往有最高的收入,并且认为自己才是最有技巧的投资者。"过度自信"导致了他们的交易更加频繁,这也是其最终投资表现不尽如人意的主要因素。

再比如，我接触过的一位投资者，他在十多年前就往证券账户投入了30万元买卖股票，经各种尝试后如今终于炒成50万元了，感觉良好。但回看全市场指数同期涨幅超过了2.5倍，最普通的沪深300指数基金也涨了3倍有余，显而易见他跑输了市场平均水平，各种花式操作让自己在这十多年期间，至少损耗掉25万元投资收益。当然这些并不妨碍他迷之自信，继续每天在投资群里为身边的朋友指点迷津，在趣味盎然的"亏损"和枯燥乏味的盈利之间，他选择了前者。人若没有自知之明，在投资时也会特别的费钱。

很多失败者会责怪上市公司、市场分析师、机构投资者、监管层制定的市场规则不合理，甚至与之观点不同的其他投资者，总觉得是这些人从中作梗，才让自己无法实现盈利，甚至亏损，唯独没有去找自己的原因。把成功归结于内部原因（自己），失败归结于外部原因，这是人之常情。资本市场的确总有这样或那样的问题，但对于个人投资者而言，已经是一个相对公平的场所了，在现实生活中只会有更多的不透明和不公平。而且我发现一个现象，市场中越是承受力低的人，往往越喜欢去豪赌，偏偏他们又承受不了最坏的结果。

古语云："自知者不怨人，知命者不怨天。怨人者穷，怨天者无志"。假若对每次所犯下的错误都没有深刻的反省，那么下次他只会用更多的钱，去重复犯下一个错误。学会坦诚承认自己犯过的错误，也是投资进阶的必经之路。

三、 资本思维

普通散户在面对股价波动时的情绪状态可能千差万别，这里包括对风险承受的能力和投资预期的理性程度。这些,大多数或许是天生的,但更多时候是后天造成的。现金流不够稳定,抗风险能力的确较弱,以及对金融投资的无知(包括把波动理解成亏损),都很容易让一些投资者成为一名风险厌恶者,同时他们总会认为自己如果有钱了就不会这样。

或许你无法想象,其实有这么一批工作稳定,年收入超过20万元,手中掌管着数百万元家庭资产的中年职场人士,在市场持续低迷的阶段,每当持有的投资组合出现了数千元回撤的时候,他(她)们也会感觉异常的愤怒,甚至憋屈到透不过气来,并一再发誓等到解套之后一定会离开这个市场。很多人天生对风险充满极度的厌恶,对账户进行过度的自我保护。

恐惧是思维的杀手。短时期内的股价波动并不等于永久性的损失,不必把波动与风险直接画等号。如果你在持有的标的跌到了非常便宜的时候陷入恐慌,在恐惧之下被市场振荡吓得以低价卖出,那才是把短期波动变成了"永久性损失"。无法忍受波动的投资者,往往才去选择负和式的频繁交易,并被短期内的市场价格锚定,高抛低吸,因而屡屡错过行情主升段。等别人全仓吃足三倍,而你只是赚走数次5%~15%的小额收益时(甚至亏损),愤然追高杀回市场,如此循环往复之下,与理想的长期投资回报率会渐行渐远(见图7-4)。

即便是"价值投资",是不是必须承受浮亏,甚至是大幅回撤呢?其实,纯正的价值投资者并不多,更多人只是在追高疯涨品种被深套之后才决定永不割肉,并自封为"价值投资者"的。**虽然坦然面对浮亏是优秀投资者的基本素质,但当前标的是否值得买入,或者继续持有,应该取决于"内在价值"这个锚,这**

也应该是你在投资这家公司之前就预想好的。

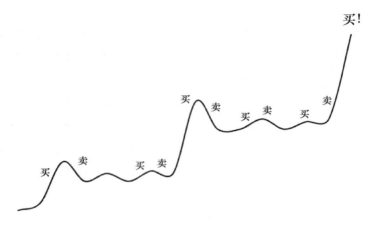

图 7-4　投资者的常见行为

我们总是离市场太近了，才会焦虑不安。我习惯更宽泛去理解有形财富，即资本的定义，而不是"现金思维"。资本思维下的投资，能帮助你充分理解资产的短期走势，甚至剧烈振荡都只不过是一些再正常不过的市场现象，这样就不会再轻易地随着股价的起伏而随波逐流了。**谨记投资的一条原则：防止自己情绪失控，等待对手情绪失控。**

四、量化交易

比你更懂投资的老手，也可能因为自己一时的贪婪而破产，能说知识和经验就是一切么？**我常和朋友们说，散户想要做好投资，70%是心态、20%是技术、10%是运气。**当你投资的时间越久，其中运气的成分也就越低，况且许多幸运儿最后还是会把靠

第七章 资产配置的重要细节

运气赚来的钱，凭着自己的"实力"再亏回去。在一个长期底部逐级抬高的市场，只要具备正常人的智商都可以稳定获利，最终还是看你的格局和情绪管理，只不过总有那么一堆人痴心妄想着一夜暴富罢了。

既然你选择了这个投资策略，那么还要意识到市场发生各种变化时，可能带给策略的影响，或在极端行情下有可能发生的情况。不要因为一次经济危机或情绪失控，就让整个投资计划前功尽弃。任何品种或策略都不可能在所有时段都跑赢市场平均水平，此时市场中又会不断冒出新的投资"机会"，人很容易临时做出冲动的决策，所以你也要做好足够的心理准备。

人是一种感性的动物，现实生活中几乎没有完全依据逻辑行事的人，在人为的执行过程中难免会有些许偏差。既然情绪化是交易中的大忌，那么如何克服投资中的情绪波动呢？**量化你的计划，有助于在投资过程中更好地控制投资情绪，做到"知行合一"。**

不少投资者会误以为，量化投资就是程序化高频交易，其实高频交易只是量化投资中的一种。量化投资只是通过寻找那些可以"大概率"实现收益大于风险的投资方式，来制定相应的投资策略。比如通过资产组合来分散风险，判断资产估值提升获利空间等。普通投资者也可通过量化，自行模拟在各种极端的走势下，对于账户回撤的承受力底线。如果你无法承受这部分头寸带给你的风险，那么只能采取措施去降低或者排除这部分风险（比如调低头寸或者加入对冲），这就是一种简单可行的压力测试法。投资者的勇气并非来自无所畏惧，而是因为已经通过量化认定了有些事情比恐惧更为重要。

人生很多所谓的"痛苦"，不过是由于价值观偏差带给你的失落感。**减少与其他投资者进行无谓的攀比,也有助于控制投资过程中的贪婪和焦虑。**特别身处这么一个浮躁的市场,或许大家正深陷于不进则退的困境中,因此保持一颗平常心才是最重要的。

如果一个普通的投资者始终待在舒适地带,是不太可能收获大量财富的,总不能指望中双色球头奖、祖宅拆迁暴富等小概率事件。上帝发给每个投资者的好牌并不多,留给人生的重大机遇本来也没有几次,普通人若想实现翻身,只能在大级别的机会出现在面前时,打开自己的风险敞口。而任何一个成功的项目在进行到中途时,看起来又都会如同一场灾难,使人意志动摇,这时候就需要你在实现投资目标的过程中,不断直面并管理好你的恐惧,逐步拓展你的舒适区。不经历风雨,怎能见到彩虹呢?投资如此,人生亦是。

后记：布局未来

工业革命之前，人均 GDP 基本上长期保持恒定，世界经济在几千年时间里年均增长率几乎可以低到忽略不计。当时人口的数量决定了经济体的规模，全球的经济周期基本可以看作是人口的周期。随着两次工业革命的到来，"马尔萨斯陷阱"被打破，科技的力量显著提高了人均 GDP。根据新古典经济学框架中著名的索罗模型（Solow-Swan Model），经济增长主要是由劳动力和技术驱动构成的。外加资本的介入，GDP 长期潜在增速最终源于三个方面：劳动力、投入资本和科技。

我国改革开放 40 多年来，人民生活水平总体上得到了大幅的提高。GDP 总量从改革开放初期 1978 年的 3645 亿元，迅速增长到 2020 年的首超 100 万亿元，快速的经济增长使中国在世界经济中的地位不断上升，现占世界经济的比重预计已超 17%，稳居全球第二大经济体。

2019 年，中国 65 岁及以上人口数量已经达到 1.76 亿，占总人口比例为 12.6%，预计老龄人口在未来 10 年还会大幅上升。老龄化率已非常接近 20 世纪 90 年代日本的水平，加速的趋势也颇为相似，预计我国 2026 年 60 岁以上的人口将超过 19 岁以下人口，"人口红利"正在慢慢消失，准备步入老龄化社会。

一直以来，中国经济与劳动力人口增速有着较强的相关性，过去飞速的发展也一部分是得益于人口红利，老龄化背景下，经济增速逐步放缓已无法避免。

随着居民年龄的上升会更倾向于储蓄，并压制投资和消费，降低了整个社会的风险偏好，使得资金的供给增加，需求减少。大众对于风险资产的配置要求或许会降低，有更多的资金涌入固收类产品，导致市场无风险收益的持续走低。不排除今后我们也会像已经出现负利率的欧洲那样，开启长期低利率的趋势。若家庭资产主配固收类产品，长期将很难满足养老的需求。

虽然老龄化进程的加快会使消费增速面临一定的下行压力，但医疗服务、医疗器械、养老地产、居家养老、零售药房、保健食品、寿险、抗肿瘤/心脑血管老年用药等都有非常大的需求，产业扩张都是比较确定的，与此相关的"银发经济"将实现逆势增长，同时也会成为各路资金竞相追逐的对象，投资者对此可予以长期关注。

火车、飞机、电脑、互联网，甚至疫苗，这些都是给全人类带来美好生活的科技创新，我们的未来肯定离不开科技。在当前全球主要经济体的人口红利基本结束的大背景下，技术进步的速度也将成为未来全球经济增长的关键，未来仍将是危与机并存的时代。让我们拭目以待吧！

《21世纪资本论》中指出，投资回报的增长率要远远超出经济的增长率，工资收入的增长率却低于经济的增长率。过去的150年，16个资本主义国家，按照价值加权的资产回报率（r）减去GDP（g）的平均值为3%。也就是说，持有资产的富人们

后记：布局未来

即便是坐在家里，财富增值的速度都会远远超过全社会平均的经济增长速度。

从发达国家开始盛起的消费主义，让大家为了满足消费而花更多时间去工作。但大多数人赚到的钱最终都被花掉了，并没有转换为生产资料。财富的不平等又进一步加剧了穷人缩减投资和即时消费的意愿，这也是全球贫富差距仍在越拉越大的主要原因。

投资从来就不简单，而我们又总是老得太快，却明白得太迟。如果这本书能够帮助各位读者找到可以交给时间的投资品种或投资策略，给财富增值带来小小的助力，我将备感欣慰。